Library of
Davidson College

Library of
Davidson College

La fiction et la mort dans l'oeuvre
de Stéphane Mallarmé

American University Studies

Series II
Romance Languages and Literature

Vol. 56

PETER LANG
New York · Bern · Frankfurt am Main · Paris

Maria L. Assad

La fiction et la mort dans l'oeuvre de Stéphane Mallarmé

PETER LANG
New York · Bern · Frankfurt am Main · Paris

Library of Congress Cataloging-in-Publication Data

Assad, Maria L.
  La fiction et la mort dans l'oeuvre de Stéphane Mallarmé.

  (American university studies. Series II, Romance languages and literature ; vol. 56)
  Bibliography: p.
  1. Mallarmé, Stéphane, 1842-1898—Philosophy.
  2. Mallarmé, Stéphane, 1842-1898. Coup de dés jamais n'abolira le hasard.   4. Philosophy in literature.
  5. Death in literature.   I. Title.   II. Series.
  PQ2344.Z5A8   1988   841'.8   87-3963
  ISBN 0-8204-0371-7
  ISSN 0740-9257

CIP-Kurztitelaufnahme der Deutschen Bibliothek

Assad, Maria L.:
La fiction et la mort dans l'oeuvre de Stéphane Mallarmé / Maria L. Assad. – New York; Bern; Frankfurt am Main; Paris: Lang, 1987.
  (American University Studies: Ser. 2, Romance Languages and Literature; Vol. 56)
  ISBN 0-8204-0371-7

NE: American University Studies / 02

© Peter Lang Publishing, Inc., New York 1987

All rights reserved.
Reprint or reproduction, even partially, in all forms such as microfilm, xerography, microfiche, microcard, offset strictly prohibited.

Printed by Weihert-Druck GmbH, Darmstadt, West Germany

Table des matières

Préface 7
Chapitre I: Introduction à la lecture de la poésie mallarméenne:
LE DEMON DE L'ANALOGIE 17
   I. Le travail du sujet 17
   II. La pénultième (et) la mort 34
Chapitre II: Le théâtre de la Virginité:
HERODIADE
   I. Préambule: La question de la possibilité
                     d'une lecture 45
   II. L'anecdote: Un sacrifice et une victime
                    émissaire 49
   III. L'image sans pré-sence et l'oubli du
              référent: OUVERTURE ANCIENNE 53
      a) Le jeu de l'image et le vitrail 53
      b) L'oubli et la remémoration 58
   IV. Une aberration: SCENE. 64
Chapitre III: La production du sens:
LES POEMES EN PROSE 83
   I. UN SPECTACLE INTERROMPU 83
      a) L'illusion du récit traditionnel........... 83
      b) La perspective du *theos* 84
      c) La convergence des thèmes 86
      d) Le moment suspendu I: l'oubli du
         titre.. 88
      e) La victime émissaire 90
      f) La crise des différences 94
      g) Le moment suspendu II:
         l'«entre» 94

       h) La production du sens.................. 96
       i) La violence: la menace de la mort......... 100
       j) Le moment suspendu III: le lustre......... 104
       k) L'isomorphisme des structures culturelles
          et physiques 105
   II. Les autres poèmes en prose................ 107
       a) Des premiers aux derniers poèmes en
          prose............................. 107
       b) La problématique du zéro............... 110
       c) Du moment suspendu à l'ouverture au
          suspens............................ 114
       d) Perversion et gloire.................... 127

Chapitre IV: La pratique mallarméenne:
     UN COUP DE DES 131
   I. Le projet poétique........................ 131
   II. La double tâche de la lecture............... 134
   III. Une mortification 135
   IV. Renvoi aux 3 chapitres précédents 136
   V. Premier volet:
       a) La stratégie du décalque 138
       b) Le maître........................... 140
       c) L'enfant 147
       d) Le tombeau, le blanc.................. 149
   VI. Second volet:
       a) La dénudation, O.C., pp. 466-67......... 152
       b) La dénudation, O.C., pp. 468-69......... 156
       c) La dénudation, O.C., pp. 470-71......... 158
       d) La dénudation, O.C., pp. 472-73......... 159
   VII. Deux discours:
       a) La démythification, O.C., pp. 474-75 ... 160
       b) La dislocation du logos, O.C., pp. 476-77... 162

Conclusion 165
Bibliographie................................... 173

Préface

> „La littérature, en se faisant impuissance à révéler, voudrait devenir révélation de ce que la révélation détruit."
> (M. Blanchot: „La littérature et le droit à la mort" in *La part du feu*)

L'étude suivante est née originairement d'une intense inquiétude personnelle face à la lecture de l'oeuvre mallarméenne qui présentait un obstacle inattendu au chemin que je croyais pouvoir suivre continûment vers une compréhension globale du phénomène «littérature». L'obscurité de la pensée de Mallarmé, son langage opaque, l'hermétisme de ses images, tout conspirait à me faire à la fois repousser cette oeuvre et à la reprendre d'autant plus passionnément dans l'espoir de vaincre enfin le «mystère mallarméen».

Au cours de cette quête, je fis une découverte bouleversante à l'égard de mon entreprise. Elle pourrait se résumer ainsi: plus on interprète la poésie de Mallarmé, plus on croit avoir enfin trouvé la signification de son univers symbolique, plus on s'éloigne de ce qui constitue le noyau intime de la parole „essentielle" et poétique qui lui est inhérente.

Rien de nouveau d'abord dans ce fait qui a été reconnu par presque tous les critiques éminents du poète. Mais il est surprenant qu'ayant fait une telle constatation, on en vienne néanmoins à tenter une interprétation nouvelle propre à renverser ledit éloignement et à contribuer à la «compréhension» de Mallarmé. On exclut ainsi toujours, semble-t-il, sa propre parole exégétique du mouvement de l'éloignement; on croit pouvoir approfondir originairement la perception de cet univers poétique, ne serait-ce qu'en en soulignant les facettes énigmatiques. En dernière instance, on s'efforcera toujours d'en exorciser la puissance démoniaque. L'exégèse traditionnelle ne pourra jamais s'affranchir de ce travers qui marque justement la différence entre la création fictive et l'interprétation critique.

Mais dans le cas particulier de Mallarmé, vaincre le démon pour faire ressortir la juste pensée mallarméenne, pour établir (ou rétablir) la vérité de sa poétique et pour la subordonner à une logique qui aura toujours été d'essence divine et jamais ambigument démoniaque, c'est précisément s'efforcer de circonscrire et de réduire le sentiment de hantise qui gît au centre intime de cette oeuvre si singulière. C'est en donner une explication toute nette, au lieu de tenter une „explication orphique"; c'est „remplir" le vers mallarméen au lieu de le „creuser", et chercher à en contenir la force subversive au lieu de laisser jouer sa magie jusqu'à l'outrepassement de toute limitation dialectique.

Toute critique interprétative part de principes logiques; elle y emprunte les outils de sa méthodologie. Ce travail littéraire s'inscrit donc inévitablement dans le cadre plus vaste et plus général de la pensée métaphysique qui gouverne nos modes de penser traditionnels. Reconnaissant que mon entreprise risquait de s'exposer à cette dominance inéluctable, j'ai tenté de mettre à l'épreuve, dès l'abord, la base philosophique du discours que j'entendais tenir.

Cette étude commence donc par une analyse qui touche à l'essence du *logos*, de la vérité, du sujet et de la présence, de manière à pouvoir fixer les conditions de la pratique poétique particulière de l'oeuvre examinée, et cela sans insister nécessairement sur un entendement total. Moins on interprétera alors Mallarmé, moins risquera-t-on de s'éloigner de son oeuvre.

Le bouleversement qu'a subi ma recherche procède justement de cette exigence stratégique. Car moins elle interprète Mallarmé, plus elle s'occupe de sa propre lecture et, partant, de la lecture en général en tant qu'expression de la pensée logique. Si l'entendement global de Mallarmé ne peut être atteint, la mise en cause qui sera le fil conducteur de cette étude, ne touche pas, cependant, son oeuvre mais plutôt la lecture et, en dernier, le lecteur lui-même. L'étude suivante demande donc à être lue d'abord et surtout comme une analyse du phénomène «lecture», où l'oeuvre mallarméenne est le catalyseur sans jamais devenir l'objet de l'analyse. Elle s'occupe, à un niveau latent, de la lecture dont elle découle, tout en ne cessant de parler, au niveau patent, de l'oeuvre poétique. En cela elle imite la stratégie mallarméenne elle-même qui parle de la „scène" (ou du „spectacle") à la place du niveau patent, ou encore du jeu „extra-scénique" qui sous-tend ce dernier.

Si nous proposons une approche radicalement neuve à travers l'analytique de la lecture, nous postulons aussi que Mallarmé a toujours été interprété *du point de vue scénique* ordonné par la logique traditionnelle. L'assimilation de Mallarmé au symbolisme en constitue, du reste, le moment culminant. La thèse ici avancée essaie d'annoncer et de faire apparaître *l'extra-scénique* qui se «place» toujours hors de tout *topos* métaphysique. Toute oeuvre digne du nom ,,littérature" abrite, à son insu, l'extra-scénique; c'est Mallarmé le précurseur de la pensée moderne qui l'a pressenti et qui s'efforce de le figurer jusqu'au sacrifice même de la scène (son oeuvre) et de son statut d'auteur.

Mallarmé comme protagoniste du symbolisme — c'est précisément ,,Mallarmé l'Obscur" (Mauron), parce que le symbolique comme élément constitutif de la culture et de l'histoire civilisatrice, bref du processus d'hominisation (Girard), est finalement exprimé dans son oeuvre en ,,déchets". Cet échec se comprend, cependant, comme le tâtonnement mallarméen au-delà du symbolique vers ce qui se révèle comme antérieur à ce domaine, l'éclosion du champ symbolique occultant la sphère apriorique de ,,l'extra-scénique".

La Poétique mallarméenne tend vers l'ouverture au non-sens comme mystère ,,originaire" de tout sens. Cette étude ne se veut donc pas purement philosophique, mais comme une première description analytique d'une poétique radicale: celle de la Pratique mallarméenne. En ce sens, et en ce sens uniquement, elle peut être désignée comme analyse littéraire. Empruntant à la pensée moderne, elle réclame une certaine validité, mais renonce à toute revendication de vérité. Elle se livre donc dès le début à une ambiguïté — exprimée par la mise en question de sa lecture — qui reflète la crise de la critique littéraire et de la pensée philosophique actuelles.

Suivant ces tendances auxquelles Mallarmé n'est point le moindre à avoir contribué, ce travail s'évertue à dé-couvrir, dans l'oeuvre du poète, la dé-construction poétique ou encore une ,,poétique dé-sédimentaire" (Derrida) ayant trait à cette logique qui a toujours et traditionnellement dominé la philosophie et la littérature occidentales.

Bien que la Pratique mallarméenne soit donc visée dès le début, son effraction, dans le titre, en fiction et mort reflète la division de la pensée moderne entre le discours sur l'être de l'homme et celui sur l'être du langage, ou l'incompatibilité réciproque des discours anthropologique et philosophique, du *theos* et du *logos*, ou simplement du contenu et de la forme. L'investigation binaire de cette étude prend à tâche de ramener le discours logique à la Fiction et le discours sur le sujet (l'ensemble du sacré) à la Mort.

Egalement, le titre insinue une ligne de démarcation sur laquelle se situe toute l'oeuvre mallarméenne, et qui se creuse dans l'oeuvre en même temps. Cette ligne est le seuil (le „pli" mallarméen) d'où surgit toute activité symbolique, hors de l'impensé. Elle marque et délimite, d'un côté, la région de l'Ineffable et du Mystère, et, de l'autre, ce qui se dit, se pense et se présente comme sens.

Mais en tant que pli, ce n'est pas seulement une ligne de séparation mais aussi un espace de rapport et de rencontre. On discourt sur le domaine du sens, sur la dimension de l'Impensé, mais on comprend mal cette région qui est la ligne de touche où les deux domaines se rapprochent. C'est une région de pliure qui reste mystérieuse et hors de la compréhension. C'est la région de „l'énigme du langage". Mallarmé a dédié toute sa parole à ce pli pour chercher à éclaircir l'énigme. Cette recherche a à la fois réussi et échoué parce que, au fur et à mesure qu'il a éclairci l'énigme, il a dû quitter la région du sens et de la pensée logique et entrer dans le pli. L'éclaircissement est donc simultanément obscurcissement. La soi-disante obscurité de Mallarmé est directement et proportionnellement liée au degré de pénétration éclaircissante dans le mystère du langage.

Fiction et Mort expriment cette ambiguïté foncière de l'oeuvre de Mallarmé parce qu'elles sont en rapport avec les deux domaines. Par une récupération dialectique, Fiction et Mort peuvent être restaurées en discours logique et en discours sur l'être de l'homme (développé à travers les thèmes de la vie, de la temporalité, de la présence, de la référence); ces deux discours thématisent la problématique du sens. Mais dans la pensée mallarméenne, Fiction et Mort doivent aussi et surtout être entendues au-delà de leur opposition dialectique à la logique et à la vie, au-delà de leurs notions vulgaires de mensonge-feinte et de négativité, au-delà de toute notion théologique, entendues donc „au sens extra-moral" (Nietzsche) comme Fiction pure et Mort absolue, ce qui les ramène à la dimension de l'Impensé. Ainsi Fiction et Mort sont-elles les deux pôles de l'ambiguïté et de l'allusion mallarméennes. Ce sont les deux termes que nous assignons à l'être énigmatique du langage.

A travers leur rapport au sens et au non-sens, Fiction et Mort deviennent donc le pivot pour un questionnement en retour concernant l'origine du sens. La confluence du *logos* et du *theos* est paradoxalement toujours leur dépassement radical et irréversible dans la Fiction et la Mort où ils sont suspendus. Le pli mallarméen sert ainsi à la découverte des conditions de possibilité de l'activité symbolique exprimée en deux discours principaux, et au mouvement simultané de voilement et de dévoilement du „Mystère anonyme".

L'ordre des chapitres suivants se révèle le plus rapidement à l'aide d'une série de questions. Comment faut-il lire Mallarmé; quel sens donner à l'oeuvre mallarméenne? se transforme, en l'absence de réponse satisfaisante, en: comment faut-il lire en général? Quel sens donner aux signes qui s'adressent à nous? De cette question, on passe à une autre: peut-on lire? Peut-on assigner un sens à chaque signe pour que quelque chose comme un système fermé du savoir puisse s'établir? (Hegel dirait oui, mais on a tort de simplement conclure que Mallarmé le nie.) Ce passage irrévocable du „comment?" au „peut-on?" constitue le contenu du premier chapitre qui analyse le poème en prose *Le Démon de l'Analogie* et qui doit beaucoup à la dé-construction derridienne du *logos*. La question „Peut-on lire?" y reflète une première mise en cause du sujet et la déconstitution de son discours logique, dont le double effet est un sujet dépouillé de son autorité comme auteur-lecteur et un discours-savoir qui doit céder à l'Inexplicable. Ce qui est visée en fin de compte, c'est la déconstitution de tout mouvement réflexif, et, partant, l'esquisse d'une auto-réflexivité radicale textuelle qui n'aboutit plus à la parfaite symétrie d'une conscience se reconnaissant elle-même, mais qui chemine plutôt vers „l'Anonymat dont le seul mode d'approche, dit M. Blanchot, est la hantise, obsession incertaine qui toujours dépossède". Dans la suite, il faudra entendre toute référence à la réflexivité sous le signe de ce suspens.

La question „Peut-on produire du sens?" est reprise dans le deuxième chapitre et devient „Quelles sont donc les conditions de possibilité de l'engendrement du sens?" Ou: quelle est l'origine du sens? Où se trouve son déploiement originaire? Le titre de ce chapitre „Le théâtre de la Virginité" annonce le dilemme du questionnement en retour que Mallarmé a entamé dans *Hérodiade*. Car le poète va tout droit et sans détour à la notion du Virginal qui est la métaphore la plus constante de son langage pour nommer l'Anonymat, le pli, l'Impensé, le Mystère.

„Sans détour" veut dire qu'il abandonne le recul dédoublé à travers la déconstitution du sujet et du *logos*. Mais en visant, de cette manière abrupte et directe, l'origine, il transgresse le seuil, il sort donc du domaine du sens et du discours. Il entre dans le domaine du Silence (de l'Anonymat) qu'il essaie de mettre en scène. Il en résulte qu'une problématique épistémologique confronte la possibilité de l'auto-destruction de son discours. Le poème théâtral d'*Hérodiade* ne parle ainsi jamais du Virginal, sinon il devrait se taire; mais il désire plutôt *produire* une figure virginale qui est surchargée de la notion du néant (la mort) et d'une vérité absolue (la Beauté). En suivant cette production, nous découvrons que la quête de l'origine du sens dans la virginité s'achève dans une double crise: crise sacrificielle concernant le sujet conscient, et mise en cause du *logos* thématisé en problème esthétique. Par le truchement de la théorie de la victime émissaire de R. Girard et en en repérant l'insuffisance eu égard à la problématique du signe, j'ai postulé deux solutions possibles: ou on résout la crise en établissant le théâtre de l'esthétique et en produisant la valeur idéale du sujet; ou on s'enfonce radicalement dans la crise en renonçant à tout engendrement du sens. Dans le premier cas, on produit le théâtre de la virginité, mais on quitte le domaine du Virginal, on le viole, on le détruit. Dans le second cas, on abandonne le projet théâtral de la virginité, ce que fait Mallarmé par les „*Déchets d'Hérodiade*". A travers le «fragmentaire» comme statut permanent du projet du sens, il s'approche du Virginal mystérieux et de l'Impensé.

Mallarmé recule devant l'aberration d'*Hérodiade* en reprenant la question fatale „Peut-on lire?" et répond ailleurs: Oui, on peut lire, il faut lire, quand même. Ce „quand même" et son affaiblissement progressif sont analysés dans le troisième chapitre à l'aide d'un parcours analytique des poèmes en prose. Dans le premier groupe de poèmes, écrits pendant la période des premières ébauches d'*Hérodiade* (à l'exception du *Démon de l'Analogie*, bien sûr), la problématique de la lecture est mise de côté par cette réponse affirmative. Chaque poème est un bel exemple de l'affirmation du sujet et de son travail produisant du savoir. Ces textes négligent toute interrogation du statut de leur propre langage. Leur fonction est donc, schématiquement parlant, de souligner le „quand même". En ceci le chapitre trace la production du sens qui semble ré-affirmer la vie contre la mort et le discours contre la fiction.

Mais ce défi reçoit une première secousse dans *Un Spectacle interrompu*, composé dix ans plus tard, où le „quand même" qui est après tout la continuation du discours théâtral d'*Hérodiade* en de petits spectacles, est interrompu. Cette interruption ne ressemble en rien à la déconstitution fatale dans *Le Démon de l'Analogie* ou à l'échec d'*Hérodiade*; c'est simplement un moment suspendu, un trou dans lequel le sens se perd. C'est comme une irritation momentanée qui suscite un moi-narratif (un sujet) tout neuf qui commence à produire un savoir, non sans expulser d'abord le moment irruptif. En l'excluant, le sujet réussit à produire le système intégral et fermé du sens. Puisqu'ici la perspective du *theos* est si forte, réussissant à former un cocon autour du moment de la suspension du *logos*, nous avons donné à ce chapitre le titre „La production du sens", tout en tenant compte de l'irruption qui défait le „quand même" provoquant ainsi que le défi des premiers poèmes en prose.

Le dernier groupe de ces poèmes est entièrement marqué par le moment suspendu, ou l'„Interrompu", qui défait de plus en plus le spectacle de leurs récits respectifs. Leur caractéristique commune est une auto-réflexivité textuelle qui s'occupe de plus en plus obstinément de leur propre langage. Le résultat est la disparition du défi, ce qui suscite un décalage cardinal dans la réponse à la question „Peut-on lire?". Au lieu du „Il faut lire", on trace maintenant: le texte se lit lui-même, le texte réfléchit sur lui-même, intérieurement, sans qu'il puisse récupérer le moment suspendu comme son autre. Au lieu de se faire ainsi une conscience intégrale et absolue, le texte confronte la mort. Et dans cette réflexion brisée — fatale — pourraient être tracées les conditions de possibilité de tout sens.

A partir de la torsion-sur-soi du texte, le dernier chapitre abandonne la question maintenant inutile „Peut-on lire?" et toute réponse. C'est enfin l'abandon du domaine du sens, du discours théo-logique, et l'éclosion d'un texte a-théo-logique que Mallarmé appelle la *Pratique*. Celle-ci est la réflexion *exclusive* sur lui-même du langage, rendue radicalement différente de toute réflexion consciente par la complicité de la Mort et de la Fiction. C'est une torsion-sur-soi *pure* qui produit, non pas de sujet conscient, mais *les conditions de possibilité* pour sa constitution et la formation de son discours logique. Cette Pratique s'exhibe dans *Un Coup de dés*. J'ai divisé le chapitre en deux volets: le premier décrit, non l'échec, mais la déconstitution complète du mécanisme producteur du sens, sans que puissent intervenir le théâtre de la connaissance (*Hérodiade*), le sujet bizarre et l'Inexplicable (*Le Démon de l'Analogie*), et le spectacle de la production du sens (*Un Spectacle interrompu*). Dans *Un Coup de dés*, au contraire, confluent le fragmentaire d'*Hérodiade*, la dislocation logique du *Démon de l'Analogie* et l'Interrompu du poème en prose. Le premier volet essaie de nouer ces divers aspects et de leur donner une cohérence ultime dans la Pratique d'*Un Coup de dés*.

Le second volet analyse ce que signifie, dans toute son envergure, le mot de la *Préface*: „on évite le récit". C'est-à-dire que l'analyse s'occupe de la dénudation radicale et pure du jeu du signe (et non pas du sens) dans l'auto-réflexion du langage. Pour élucider ce jeu de *l'extra-scénique*, nous avons fixé notre regard sur les deux dimensions de ce jeu: l'ana-logique et l'ana-chronique qui subsument et outrepassent la logique (le logos) et l'histoire humaine (le theos). Si Mallarmé parle donc d'un „art qui hurle ses démonstrations par la pratique", nous voici face à „l'instant qu'en éclate le miracle" par la double démonstration de l'ana-chrono-logique. La dimension de l'ana-logos se reflète dans l'hypothèse pure d'*Un Coup de dés* qui refuse de glisser dans la dialectique d'aucune thèse: c'est la Fiction. La dimension de l'ana-chronique se montre dans le grand défi de l'Hypothèse qui refuse de feindre un événement originaire ou une présence initiale et primaire (un récit): c'est l'exhibition de la Mort absolue et tout autre. Cette Fiction et cette Mort sont les deux dimensions de la Pratique qui s'expose donc comme le point de conflagration pour le *logos* et le *theos*, mais dans le mode d'un outrepassement radical.

La présente étude essaie de laisser la poétique «lire» la lecture.

L'échange de rôles défait la certitude du *logos* qui soutient toute lecture. Cette tentative a dicté le choix des textes dont s'occupe l'analyse; ceux-ci sont représentatifs d'une auto-réflexion textuelle qui culmine dans *Un Coup de dés* et qui est le lien commun et simultanément problématique entre les pièces choisies. Dans le panorama de l'oeuvre entière, ils composent un corpus d'écrits qui se place entre les poèmes en vers et les écrits théorétiques de Mallarmé et, de fait, offre la possibilité d'une lecture tout autre. Car l'interdépendance de la Mort et de la Fiction qui se laisse reconnaître à travers la réflexion radicale interne des textes choisis, peut servir comme modèle a-logique à une lecture inouïe future de l'oeuvre entière du poète.

En choisissant les pièces indiquées, les pages suivantes esquissent une investigation qui essaie de révéler, au sein de l'oeuvre mallarméenne, un texte caché et occulté jusqu'à présent, sans jamais oublier que toute révélation détruit, par ses agissements mêmes, ce qu'elle espère dé-celer.

Chapitre I

Introduction à la lecture de la poésie mallarméenne :

LE DEMON DE L'ANALOGIE

I. Le travail du sujet.

Dans la préface à *Un coup de dés*, on trouve l'expression suivante dont se sert Stéphane Mallarmé pour résumer sa grande tentative :

„... le tout sans nouveauté qu'un espacement de la lecture."

Derrière la simplicité décevante de cette phrase se cache toute la déhiscence qui fait la problématique de l'oeuvre de Mallarmé. Ses écrits n'approchent que rarement l'humilité absolue qui s'associe à ces mots. Mais cette simplicité et cette humilité conspirent à dissimuler l'irruption totale de la fiction et la subversion fatale de la pensée traditionnelle, rompant ainsi irrécupérablement avec le passé et annonçant une tout autre réalisation future.

La totalité de l'irruption et la fatalité de la subversion ont trait à la lecture. Or, laissant de côté pour l'instant tout le chef-d'oeuvre qui gît dans ces mots, c'est le lecteur qui y est mis en cause. S'il s'agit de sa totalité, il s'agit simultanément d'un questionnement originaire et fondateur de son existence, pas seulement comme lecteur, mais, le dépassant, de la subjectivité même qui le soutient. Ce que nous espérons pouvoir ici relever de notre lecture de Mallarmé, est une convergence des fonctions du lecteur et de l'auteur et leur disparition simultanée dans „l'espacement" qui caractérise le „tout" mallarméen.

Plus précisément, on doit commencer par la question qui porte sur le destin du texte lui-même : Comment faut-il aborder l'oeuvre mallarméenne ? Comment lire, et est-ce que la lecture comme telle est possible ?

Si l'oeuvre de Mallarmé ne s'offre au lecteur qu' „à mainte facette" (O.C. p. 386)[1], c'est à celui-ci, cependant, d'y entamer la recherche de ce qui (se) disperse et (se) replie à la fois, sur la scène, en suspens. Tout en fouillant le bas-fond qui est censé soutenir la scintillation du lustre mallarméen[2], on devient de plus en plus conscient d'un recul dont on essaie de fixer le nom en vain. On se rend compte d'un recul, mais la question: recul de quoi?, ou recul devant quoi?, échappe à toute réponse.

Deux choses sont, cependant, à affirmer: que le recul se dévoile paradoxalement comme un avancement, une annonce en vue d'une Science future innovatrice; et qu'il est permis au lecteur de suivre le recul à la condition qu'il consente, sans faux-fuyant, au jeu de la question-sans-réponse. Plusieurs fois Mallarmé invite le lecteur à ce cheminement commun. Les deux chefs-d'oeuvre d'*Igitur* et d'*Un coup de dés* sont très clairs quant à l'invitation. Mais dans ces deux cas, c'est sous la forme d'un hors-texte, à savoir l'exergue d'*Igitur* et la *Préface* à *Un coup de dés*. Le lecteur y est forcé de prendre conscience, une dernière fois, de son rôle avant de l'abandonner et de se plonger dans l'abîme de la fiction. Le sacrifice du sujet qui s'opère dans ces deux oeuvres présuppose simultanément le désoeuvrement existentiel et fictif du lecteur.

Seul parmi les textes mallarméens, *Le Démon de l'Analogie*[3] incorpore le lecteur; il l'invite à participer, en la plénitude de sa force consciente, à la promenade fatale qui est décrite dans le poème en prose; en même temps l'invitation fait partie du récit.[4] Le lecteur

1   Les citations paginées de Stéphane Mallarmé contenues dans cette étude, sont tirées des *Oeuvres Complètes* de Stéphane Mallarmé, (éd. Gallimard, 1945).
2   Ce lustre apparaît un peu partout dans l'oeuvre mallarméenne, p.e. *Plaisir Sacré* (O.C., p. 388) ou *Crayonné au théâtre* (O.C., p. 296).
3   O.C., pp. 272-73. Toutes les citations qui suivent dans ce chapitre et ne sont pas annotées, sont tirées de ces pages.
4   Il y a néanmoins *Parenthèse* (O.C., p. 322) qui répète la même invitation et la même incorporation. Mais au lieu de représenter une tendance générale des textes mallarméens, cette répétition-ci se révèle comme un cas particulier du processus qui trouve son point de départ dans *Le Démon de L'Analogie*. En effet, le texte entier de *Parenthèse*, écrit en 1886, représente une sorte d'application singulière du processus général de l'engendrement poétique

se trouve donc inextricablement enchaîné au tissu de l'écriture. Et ceci par la question initiale qui reste d'autant plus ouverte et impondérable à la fin:

> „Des paroles inconnues chantèrent-elles sur vos lèvres, lambeaux maudits d'une phrase absurde?"

Suit un nouveau paragraphe qui commence ainsi: „Je sortis de mon appartement ...". Lecteur et auteur sont juxtaposés de manière à faire croire que le moi-auteur entraînerait son lecteur vers une explication générale et globale. Mais au fur et à mesure que le récit avance, l'auteur perd ses forces explicatives et se voit lui-même confronté à l'inexplicable, c'est-à-dire renvoyé à la question initiale. Par conséquent, nous pouvons dès lors supposer l'adéquation de l'auteur et du lecteur. Les deux deviennent le moi du poème, leurs rôles s'égalisent; ils cheminent ensemble vers le désoeuvrement existentiel du sujet.

C'est l'enchevêtrement du lecteur qui confère à ce poème en prose le rôle idéal de texte-clé pour une lecture de l'oeuvre mallarméenne. Notre choix de ce texte a donc été délibéré; car c'est à partir de l'engagement du lecteur, pas seulement comme lecteur, mais aussi et surtout comme partie du corpus textuel, que la lecture que notre travail espère inaugurer, peut se détacher de la critique ponctuelle. Dans notre entreprise critique, il faut surtout ne pas dialoguer avec le discours mallarméen. On se heurterait à sa soi-disante obscurité. Celle-ci l'emporterait toujours, et la critique se

---

décrit dans le poème en prose. Comme exemple concret il répète le mouvement d'analogies: de la musique à la danse, au jet d'eau, à „l'ancienne Féerie", au génie archaïque, jusqu'à la fuite à l'étranger. Ce sont toutes des images qui se faufilent pareillement dans le récit du *Démon de l'Analogie*. Seul le trou manque à *Parenthèse*, l'irruption qui défait tout le discours. Mais ce manque vise précisément la particularité de *Parenthèse* d'une part, et de l'autre l'universalité de la scène du *Démon de l'Analogie*, où l'ébranlement du discours se joue une fois pour toutes. Ainsi ce poème en prose récupère et englobe *Parenthèse* comme le genre l'espèce. L'ingénuité de l'invitation du *Démon de l'Analogie* reste donc intacte; en effet elle revendique d'autant plus l'importance de ce texte pour toute initiation dans la lecture de l'oeuvre de Mallarmé.

trouverait exilée hors du texte qu'elle prétend examiner. Par contre, il faut scruter le texte, ce qui sera possible si l'on habite son tissu. Dès lors, le texte sera toujours proche; on devient son parent, son frère, son ami. On s'occupe de lui comme d'un amant, presque. Lire ainsi le texte suscite une joie pure et ingénue, engendrée par l'absence du dialogue qui tiendrait le lecteur à distance. Cette façon de lire se complaît à participer à la pratique du texte. Ayant dorénavant dépassé le rôle du „lecteur habile" (*Préface à Un coup de dés*, O.C., p. 455) et le moment discursif, on est donc invité, comme lecteur, à assister à un événement textuel au cours duquel s'opère la disparition de soi. L'intensité de cette pratique égale celle de la disparition de l'auteur; car en fin de compte, il n'y a plus ni auteur ni lecteur, mais le sujet qui est mis en cause. Le seul rôle qu'on puisse assumer vis-à-vis du texte mallarméen serait celui que la *Préface* appelle „ingénu". Débarrassé initialement de tout „ancien calcul" (*Un coup de dés*, O.C., p. 463), l'ingénu serait l'unique être à entrer dans l'anonymat du texte.[5]

Le Démon... est unique en ce qu'il accueille le lecteur précisément dans son rôle de „lecteur habile", lui ouvre la porte par le leurre de la question initiale qui reste sans réponse, et l'abandonne enfin dans un recul d'où il procède en tant qu'„ingénu".[6] C'est seulement s'il emprunte ce passage que le lecteur se trouvera enfin „initié" et capable de lire le «reste» de l'oeuvre mallarméenne — et à en assumer la pratique. Toute l'oeuvre de Mallarmé est déjà présumée et résumée dans le poème en prose. Pour impropre que soit l'expression de «reste», elle signale l'exigence d'un abandon de la lecture et le début d'une pratique ingénue qui, seule, sait aborder les profondeurs énigmatiques qui restent précisément hors de la lecture. Lire de telle façon exige le sacrifice d'une lecture propre, en l'occurence celui de notre lecture, et une disposition à se situer au futur de cette oeuvre, à n'exister que comme un élément de cet avenir. La lecture doit

5 Pour ce qui concerne l'anonymat du texte, cf. *Crise de vers*, surtout p. 367; aussi *L'Action restreinte*, surtout p. 372.
6 De ce point de vue *Le Démon de l'Analogie* pourrait être compris comme la préface à la fameuse *Préface à Un Coup de Dés* qui essaie de barrer la lecture de son récit sous prétexte de „troubler" l'ingénuïté du lecteur. Par contre, *Le Démon de l'Analogie* veut troubler le lecteur traditionnel et ébranler son habileté jusqu'au recul vers l'ingénuïté pure.

lâcher sa maîtrise sur ce texte pour pouvoir paradoxalement le «maîtriser». L'échec de notre lecture sera finalement sa réussite.

Nous commençons donc par la fin en avançant que, sans être déjà prêt à y participer, *Le Démon*... prépare le jeu qui se joue dans *Un coup de dés* et qui entraîne le sacrifice du sens. Le poème en prose est simultanément échec et réussite sur ce chemin désoeuvrant. Le démon est le signe de ce paradoxe: l'obsession dont il afflige le sujet et qui est l'essence même du démoniaque, devient le site où l'échec et la réussite se rencontrent. A son insu, le récit abrite déjà le jeu et le sacrifice. Ce qui le constitue, c'est d'abord le pressentiment du jeu d'un mystère, ensuite le désir d'établir et d'affirmer les règles du jeu et de récupérer la mort sacrificielle par un rituel. Ce désir grandit jusqu'à devenir démoniaque, nourrissant le sentiment d'une persécution dont l'effet sera la fuite du sujet. Le désir de contrôler le jeu, de connaître et de comprendre la mort, pousse le sujet à fermer le cercle du savoir — ici la compréhension d'une phrase absurde — auquel échappe, cependant, le «sens» de l'ouverture au milieu du poème, parce qu'il échappe toujours à tout savoir. A la fin, l'ambiguïté qui règne au commencement, est encore plus victorieuse et embrasse même le sujet, celui qui est le siège de la compréhension.

Au niveau littéraire, le poème révèle un carrefour dans l'oeuvre de Mallarmé. Ecrit avant la grande crise de sa vie, le poème date du temps où l'influence de Baudelaire sur Mallarmé commence à s'atténuer. Or le thème des analogies rappelle la notion des correspondances qui figurent dans la poétique baudelairienne. En effet, le dictionnaire explique l'analogie comme correspondance et vice versa. Mais de la correspondance à l'analogie s'insinue un décalage que le lexique ignore, et cela du fait même que sa nature est discursive: la correspondance a toujours affaire au discours, deux concepts se répondent l'un à l'autre; ils circulent dans le système donné.

Ordinairement, l'analogie établit un pareil rapport. Mais le texte mallarméen permet d'assigner à l'élément „ana" un sens dérivé qui vise une certaine transgression du discours et cherche à traverser tout le *logos* du début à la fin, enfin à le déborder pour bien le regarder. Il y a donc dans l'analogie l'élément d'un rapport entre deux choses, mais en outre, un mouvement de distance débordante qui considère le rapport sans y entrer. Ce décalage entre correspondance et analogie précipite un ébranlement qui fait glisser l'analogie hors du *logos* discursif. La duplicité qui s'associe ici au concept de l'analogie ne réside pourtant pas dans celle-ci, mais plutôt dans la pensée logique qui, quant à elle, ne reconnaît que la position moyenne de l'analogie entre l'univoque et l'équivoque, c'est-à-dire en plein discours.

Or *Le Démon de l'Analogie* met en scène un drame dédoublé: d'une part le travail du *logos* cherchant à retenir sa maîtrise sur l'analogie, dans une lutte à mort pour pouvoir préserver le système fermé et universel de son savoir; d'autre part l'usurpation du *logos* par l'analogie qui le traverse du début à la fin, le transgresse et s'y insinue de manière menaçante. La menace se trouve dans la possibilité d'une dispersion illimitée du sens − donc de sa perte −, une fois le cercle du savoir rompu et entr'ouvert. Duplicité d'un seul et même drame: la couche visible du récit des analogies, et un texte sous-jacent qui exhibe ce qui dans le récit traditionnel apparaît nécessairement comme une parole de la folie.

La couche visible du poème est logique et rigoureuse dans son développement. Le récit est soigneusement construit malgré l'apparence d'un égarement qui bascule d'une métaphore à une autre, parcourant un zigzag analogique. La stratégie de Mallarmé est éminemment moderne et ressemble à la pensée actuelle qui n'attaque le système logique de la pensée métaphysique que du sein même de cette pensée[7]. La logique du récit est subtile, voire jusqu'à l'effondrement final de la logique. Il faut suivre ce paradoxe.

Le titre annonce le drame ambigu: un ensemble, ici le parcours de rapports analogiques, poussé à son perfectionnement par l'inspiration démoniaque; mais aussi une révolte contre l'essence du tout assemblé, le démon de Socrate devenu l'esprit malin qui inspire le *logos* à outrepasser sa propre totalité, à se déborder; la grande tentation originaire de l'ana-logos de jouer aux rapports ad infinitum sans jamais se référer à un centre auquel les analogies s'accrocheraient

---

7 A ce sujet nous renvoyons à J. Derrida parlant de la „responsabilité critique" du discours moderne: „Il s'agit de poser expressément et systématiquement le problème du statut d'un discours empruntant à un héritage les ressources nécessaires à la dé-construction de cet héritage lui-même. Problème *d'économie* et de *stratégie*." (*L'écriture et la différence*, Seuil, 1967), (p. 414).

comme à la vérité. En arabe le démoniaque est identique au sinistre et au lugubre, fait dont S. Freud tire profit dans *Das Unheimliche*. En effet, un air lugubre finit par envahir le récit et le livre à la bizarrerie au lieu de le fonder, comme le ferait le démon socratique, dans la vérité du *logos*, ou, en des termes freudiens, dans ,,das Heimliche". On pressent que le tout est mis en question et subit une secousse dont nous ne connaissons pas encore les résultats.

La question qui ouvre le récit et dont nous avons déjà parlé, dévoile une autre ambiguïté qui est néanmoins proche de celle de l'analogie: des ,,paroles inconnues" visitent notre pensée, venant d'une sphère autre que notre esprit; elles sont ou inconnues ou oubliées, elles viennent d'un côté énigmatique et mystérieux dont le trait sinistre (das Unheimliche) absorbe et l'inconnu et l'oubli[8].

De plus, ces paroles chantent, elles ne se contentent pas de parler. Le chant les soustrait à la rigueur logique et leur prête plutôt une force mystérieuse qui les relègue à ,,l'explication orphique de la terre" (*Autobiographie*, O.C., p. 663). Nous pouvons donc assumer qu'elles doivent partager la grande tâche de l'oeuvre poétique qui projette d'engendrer un nouvel avenir pour le destin de l'homme. Ce sont donc des paroles qui ne peuvent être prises à la légère; en même temps elles ne peuvent jamais être récupérées par le sérieux du savoir, à cause de leur caractère orphique qui donne et retire leur sens à travers ce jeu qui s'oppose à la ,,formule absolue que, certes, n'est que ce qui est" (*La musique et les lettres*, O.C., p. 647), et met ainsi en vue une ,,attirance supérieure comme d'un vide" promettant ,,des fêtes à volonté et solitaires" (p. 647).

D'autre part, la question initiale du poème prend aussi parti pour le domaine du savoir. Car c'est à partir de la seule pensée métaphysi-

---

8 Dans *Das Unheimliche* Freud a démontré que le sentiment de l'Unheimlich qui s'attache à quelque chose d'inconnu, se nourrit de quelque chose de ,,heimlich" qui a été oublié, refoulé dans l'inconscient. Donné le fait que le bizarre (= unheimlich) envahit le récit, on peut bien reconnaître dans les ,,paroles inconnues" un élément refoulé qui est oublié dans l'inconscient de l'humanité, à condition tout de même de se rappeler que cet oubli est absolu et ne mènera jamais à une remémoration; car il est in-connu, c'est-à-dire en dehors du système de la connaissance comme telle. Au contraire du refoulé freudien, l'oubli de Mallarmé agit d'une manière qui est plus proche de l'oubli de M. Blanchot (cf. *L'attente l'oubli*).

que que les lambeaux sont maudits et la phrase est absurde. Le juge de la malédiction est toujours le discours. Ainsi, les lambeaux maudits sont des morceaux qui errent et font un détour en passant à travers la connaissance. Celle-ci est le topos de leur errance. C'est précisément la connaissance qui est leur exil. Le discours les a bannis au sein de son domaine d'où ils ne peuvent formuler qu'une phrase absurde. Mais qui juge de l'absurdité? C'est encore le discours qui relègue les paroles inconnues dans la folie, simplement parce qu'elles ne peuvent être incorporées dans le système du savoir.

Sont donc tracées les délimitations qui séparent les domaines, celui de la connaissance et du discours, et l'autre de l'absurdité et de la malédiction. Or dans le reste du récit il s'agit d'apprendre qui ou ce qui dessine et détermine ces démarcations et, à partir de cela, si la démarcation peut être maintenue.

La première sensation que le «je» éprouve est l'effleurement d'une aile qui rappelle le démon comme ange. C'est donc le démoniaque qui accompagne le sujet dès le commencement de la promenade. Si nous retenons la liaison de l'Unheimlich avec le démoniaque, c'est à la fin encore lui qui entrave le sujet par la sensation du bizarre. On peut ainsi anticiper tout le récit et dire qu'il ne s'y passe rien, et que rien n'y a changé. Cependant, au milieu du rien, tout s'est passé et tout a changé — ce qui reste à être vérifié. Mais présupposant comme vraie cette contradiction, on tracera maintenant les grands desseins de l'oeuvre mallarméenne dans les quelques lignes de ce récit banal d'une promenade. Car le sujet parcourt le système fermé du savoir jusqu'à ses limites, il poursuit la circulation du sens, poussé par la fascination démoniaque des analogies. Ce démon ne le lâche pas, il le pousse plutôt hors des limites, et dans le champ de l'ana-logos d'où sa vision détruit d'un seul coup la certitude du savoir absolu et fermé. D'un seul coup tout change, la totalité du sujet et de sa connaissance se disperse. En même temps rien ne change; il ne se passe rien parce que la phrase jugée absurde a priori par le sujet, reste toujours absurde jusqu'à la fin où elle se trouve encore inexplicable. La revendication de totalité s'effondre ainsi, ou plutôt elle est récupérée par le rien. C'est-à-dire, le système qui s'est voulu absolu et complet, regarde tout à coup sa propre ouverture sur un «système» plus vaste où il se trouve arrêté par l'ana-logos débordant.

A un tout autre niveau, celui du destin de l'homme et du monde, le poème trace l'évolution de l'esprit humain: l'origine du *logos* est inconnue et inconnaissable; le hasard est à sa source qui reste en conséquence énigmatique, absurde, maudite et irrécupérable par aucun savoir. Toute l'histoire de l'homme est une promenade au cours de laquelle le *logos* s'efforce de dissimuler le hasard de son engendrement, de l'oublier, de le couvrir d'une chaîne d'événements bien déterminée et contrôlée. L'histoire du monde humain est l'histoire de cet effort. Et tous les hasards (= les analogies) qui stimulent ce processus s'accumulent jusqu'à devenir une nécessité: la certitude que l'homme doit traverser le *logos* en vue de l'ana-logos avec le pressentiment fatal de ne retrouver dans la fin de son histoire qu'une «origine» qui, pour lui, reste toujours bizarre, «unheimlich», et assujettie au hasard[9].

Mallarmé a constamment souligné dans son oeuvre le grand jeu entre l'inconnu originaire et le travail du sujet et de son *logos*. Il est toujours conscient du fait que ce travail n'est qu'un aspect du grand mystère inouï, ce qui représente justement la nouveauté et la radicalité de sa pensée. Soit au niveau de l'auteur ou du lecteur, soit à celui du théâtre ou du livre, il évoque toujours cette aile ,,traînante et légère" issue de ,,l'ancienne Féerie" (*Parenthèse*) ou de l'oubli, et qui glisse et s'insinue dans le *logos* pour y rôder, parfois même feignant le discours, comme dans ce poème-ci où une voix remplace bientôt le frôlement de l'aile. Mais nous savons que ce n'est qu'une tactique pour engager le *logos* à accomplir son destin, pour le forcer à s'occuper de cet inconnu, ce qui est après tout le devoir essentiel du *logos* réalisant son désir de récupérer ce mystère dans sa mémoire.

Cette interprétation panoramique de l'aile et de son travail subversif dans le poème, est renforcée par un texte beaucoup plus tardif, *Le Mystère dans les Lettres*, où Mallarmé évoque le ,,Mystère" — le grand synonyme de l'Ineffable, centre de son oeuvre — de la

---

9   *Notes* de 1869, surtout le paragraphe sur le Verbe, s'occupe de cette histoire. Nietzsche fait de pareilles allusions au commencement de l'*Introduction théorétique sur la vérité et le mensonge au sens extra-moral*. La disparition de l'homme dont parle M. Foucault à la fin de *Les Mots et les choses* pourrait être analysée dans le même contexte.

littérature, le libérant d'une assimilation trop simpliste à la musique. Il s'y agit de viser les déchirures du Mystère: „par quels termes du vocabulaire sinon dans l'idée, écoutant, les (les déchirures du Mystère) traduire ( ). Une directe adaptation avec je ne sais, dans le contact, le sentiment glissé qu'un mot détonnerait, par intrusion" (O.C., p. 385). Le Mystère gît alors dans le langage et en reçoit son „pivot":

> „( ) il faut une garantie —
> La Syntaxe —
> Pas ses tours primesautiers, seuls, inclus aux facilités de la conversation ( ). Les abrupts, hauts jeux d'aile, se mireront, aussi: qui les mène, perçoit une extraordinaire appropriation de la structure, limpide, aux primitives foudres de la logique. Un balbutiement, que semble la phrase, ici refoulé dans l'emploi d'incidentes multiplie, se compose et s'enlève en quelque équilibre supérieur, à balancement prévu d'inversions." (O.C., p. 386)

C'est un passage prophétique de la poésie moderne autant que de la pensée actuelle, et de leur crise commune. Mais il revendique aussi après-coup le grand jeu de l'aile du Démon, messager d'une origine inconnue capable de faire basculer dorénavant toute la littérature. Eclatant au milieu du poème en prose, la scène de la phrase „La Pénultième est morte", prête déjà son site au texte moderne lui conférant le titre d'une poétique tout à fait nouvelle.

En d'autres textes, quand plus tard Mallarmé aura dépassé la grille hégélienne qui, d'une certaine manière, le subjugue encore à l'époque de la rédaction du *Démon de l'Analogie*, son texte ne s'occupe plus que rarement du labeur du *logos*. Le plus bel exemple de ce dépassement est certainement le fameux passage de *l'Avant-Dire au Traité du Verbe*:

> „Je dis: une fleur! et, hors de l'oubli où ma voix relègue aucun contour, en tant que quelque chose d'autre que les calices sus, musicalement se lève, idée même et suave, l'absente de tous bouquets." (O.C., p. 857)

Passage difficile à comprendre dans sa portée illimitée, mais plus facile à aborder après la lecture du *Démon de l'Analogie*. Là, la fiction ne sert plus au progrès discursif du *logos*; dire: une fleur, ne fait plus partie de la parole sensée, cette fiction émane tout initialement d'un rythme suave, similaire à celui des paroles inconnues du *Démon de l'Analogie*, et éclôt enfin dans „l'absente de tous bouquets". Elle laisse de côté les „calices sus" qui fleurissent encore dans *Le Démon de l'Analogie* et traduisent l'effort du sujet pour parvenir à un entendement pur: celui-ci ne saurait «dire» „l'absente de tous bouquets" que sous la forme négative et encore logique de „l'inexplicable".

Revenons au poème qui nous occupe. Une voix relève le chant des „lambeaux maudits" et prononce la phrase fatale „sur un ton descendant" évoquant ainsi par sa nature déclamatoire une atmosphère théâtrale qui met en scène le vers: „La Pénultième est morte". Mais engendrée par la mystérieuse aile, cette atmosphère se mire exclusivement dans le lustre évoqué par „la suspension fatidique". Pour Mallarmé le théâtre, le lustre et la suspension (ici très littéralement physique) fonctionnent comme le moment du suspens, ils le symbolisent[10]. C'est cependant le suspens dans l'oeuvre mallarméenne qui la porte au-delà du symbolisme comme mouvement littéraire.

La phrase est donc emmêlée dans un suspens, en un arrêt qui permet à l'oeil critique un examen plus proche, examen qui trébuche aussitôt contre les multiples facettes du lustre et aveugle l'oeil regardant. Car la phrase est abruptement brisée par les „hauts jeux d'aile" qui éblouissent le sujet. Quant au vers, la partie „Est morte" „se détache de la suspension fatidique, plus inutilement en le vide de signification". Alors commence la lente séduction du sujet par le mystère. Les mots se détachant de la suspension, le sujet regarde tout à coup un vide dédoublé: le vide de signification dans la suspension, et le détachement de ce même vide. Car se détacher du vide de la suspension, c'est encore se suspendre et glisser dans un vide. L'un comme l'autre vide serait «utile» au sujet au sens dialectique d'une récupération par son contraire. Mais les deux «vides» juxtaposés échappent à toute signification et sont inutiles pour le sujet. Ils sont néanmoins fatidiques en ce qu'ils révèlent le destin de l'homme — destin que le Mystère lui réserve au cours de ses efforts pour com-

---

10 Cf. à cet égard *L'Action restreinte*, surtout p. 370.

prendre l'Inconnu. En fin de compte, le sujet deviendra «inutile» au titre de siège du *logos*, dès le moment où le *logos* sera dépassé et le destin s'accomplira dans la dispersion du hasard.

Dans *L'Action restreinte* il s'agit de la même «inutilité» mais du point de vue du „Livre", ce mythe mallarméen dont le hasard est l'unique auteur:

> „Impersonnifié, le volume, autant qu'on s'en sépare comme auteur, ne réclame approche de lecteur. Tel, sache, entre les accessoires humains, il a lieu tout seul: fait, étant". (O.C., p. 372)

Le Démon de l'Analogie n'atteint pas encore ce niveau d'objectivité. Mais pour la première fois le sujet touche à une ambiguïté que son discours ne peut contenir: le vers éclate, un trou se creuse dans le texte du récit. La maîtrise de sa parole est mise en cause.

Le drame qui suit — „Je fis des pas (etc.)" — est déjà joué; mais le sujet, comme le lecteur, l'ignore encore. Cependant dans *Crayonné au théâtre*, à vingt ans d'intervalle, Mallarmé nous permet un coup d'oeil, et sur ce drame, et sur l'ignorance qui lui est inhérente: Parlant du ballet et du „sacré (qui) s'y effectue" (O.C., p. 296), il perçoit dans la danseuse une allusion au rêve originaire qui surgit dans les paroles inconnues, „attendu que tout est, comme le veut l'art même, au théâtre, *fictif ou momentané*". Il continue:

> „Seul principe! et ainsi que resplendit le lustre, c'est-à-dire lui-même, l'exhibition prompte, sous toutes les facettes, de quoi que ce soit et notre vue adamantine, une oeuvre dramatique montre la succession des extériorités de l'acte sans qu'aucun moment garde de réalité et qu'il se passe, en fin de compte, rien". (p. 296)

Mais il ne nous est pas permis de raccourcir le chemin. Pour toucher au „seul principe", force est bien d'assister à l'échec du sujet dans *Le Démon de l'Analogie*.

Hors de l'ambiguïté des deux vides juxtaposés, le sujet rattrape le „*nul*", la marque du rien:

> „Je fis des pas dans la rue et reconnus en le son *nul* la corde tendue de l'instrument de musique, qui était oublié et que le glorieux Souvenir cer-

tainement venait de visiter de son aile ou d'une palme et, le doigt sur l'artifice du mystère, je souris et implorai de voeux intellectuels une spéculation différente".

Le sujet distingue le „nul" du vide dédoublé pour pouvoir le travailler séparément. Il pourra maintenant le comprendre: nul, c'est zéro, à partir duquel tout devient possible[11], d'abord l'un, ensuite le multiple et le „numéraire facile" (*Avant-Dire*, O.C., p. 857) du vers traditionnel qui recueillera la phrase brisée et lui rendra sa forme et sa signification. „Nul" est aussi expliqué comme la corde tendue de l'ancienne lyre que la connaissance, „le glorieux Souvenir", fera retentir. En des termes purement hégéliens, ceux de la Préface à *la Phénoménologie de l'Esprit*[12], le „glorieux Souvenir" est le Discours Absolu arrivé au plein de sa vérité à travers le mouvement négateur. Il se voit face au déchirement (ici le vide dédoublé) qui accompagne l'atteinte de la vérité, et séjourne (ici „visiter") chez le Négatif (ici l'instrument musical oublié) jusqu'à le changer en son Positif (reconnu ici dans „certainement"). Le „Nul" devient la Contradiction que le discours sait toujours ménager.

D'un seul coup, les paroles inconnues et le chant absurde du rêve oublié seront «sauvés», maîtrisés par la logique du sujet. Alors éclate tout l'orgueil du savoir et de la subjectivité. „Le doigt sur l'artifice du mystère", l'Homme se croit la source authentique du savoir. „Je souris" — le sourire d'avoir tout légèrement déjoué le démon et dompté le mystère. Le sujet — le maître, le discours seigneurial — règne. Il s'est approprié l'aile, le démon est apprivoisé: Son aile joue de „l'instrument de musique qui était oublié". L'aile conquise devient une palme — symbole du triomphe.

---

11 Cf. à ce sujet G. Frege, *Les Fondements de l'arithmétique*, trad. de Claude Imbert (Seuil, 1969), surtout chapitre 4, paragraphes 74-77; cf. aussi J.-A. Miller, „Le zéro et le un", *Cahiers pour l'Analyse*, 1966, pp. 41-51; aussi notre chapitre III, p. 110-114.
12 Cf. G.W.F. Hegel, *Préface à la Phénoménologie de l'Esprit*, trad. de J. Hyppolite (Aubier, 1939-41), p. 29-30; aussi G. Bataille, „Hegel, la mort et le sacrifice", *Deucalion* nr. 5; aussi A. Kojève, *Introduction à la lecture de Hegel* (Gallimard, 1947), dernier chapitre, pp. 527-573.

Et voici le leurre que le maître ne reconnaît pas: le savoir se croit triomphant et ignore que la palme est aussi symbole du martyre[13], que son triomphe est aussi son échec, son martyre. Le sens apparemment établi (ici de la phrase absurde) devra être sacrifié, paradoxalement, pour que le sens discursif puisse s'engendrer. En réalité, c'est le savoir qui est dupe et qui s'embrouille dans son propre artifice.

> ,,La phrase revient, virtuelle, dégagée d'une chute antérieure de plume ou de rameau, dorénavant à travers la voix entendue, jusqu'à ce qu'enfin elle s'articula seule, vivant de sa personnalité''.

A partir de sa virtualité, elle échappe à la constriction du savoir, à son ,,économie restreinte'' (Derrida). Elle n'est que potentielle, elle réside hors de la réalité, comme un rêve ou une ombre, surgissant de l'inconscient. Elle est Eurydice venue hanter le sujet-Orphée pour lui donner, à son insu, le sens de son humanité. Dégagée de l'image musicale la phrase s'articule maintenant, devient langage, acquiert une personnalité.

Il y a dès maintenant deux possibilités: Dégagée et vivant seule, la phrase devient un langage tout à fait nouveau dont la radicalité s'exprime ailleurs par ,,la notion pure'' (*Avant-Dire*, p. 857), le phénomène très ancien mais toujours oublié, donc toujours neuf dans l'histoire humaine, et habitant aux bords de sa réalisation. Ceci devient très clair dans un paragraphe de l'*Avant-Dire*:

> ,,Au contraire d'une fonction de numéraire facile et représentatif, comme le traite d'abord la foule, le Dire avant tout, rêve et chant, retrouve chez le poète, par nécessité constitutive d'un art consacré aux fictions, sa virtualité''.
> (O.C., pp. 857-58)

Et c'est le nouveau poète, le futur homme — Mallarmé, ou le promeneur du *Démon de l'Analogie* peut-être — qui pourrait réaliser ce nouveau langage, cette Fiction. Mallarmé croit à cette possibilité lorsqu'il propose dans la partie de *Crise de vers* écrite en 1892:

---

13 Nous sommes redevable de cet aspect de la palme ainsi que du rameau, à Ursula Franklin: ,,Anatomy of Poesis'' in *North Carolina Studies in the Romance Languages and Literatures*, nr. 16 (1976), pp. 52-64.

„Le remarquable est que, pour la première fois, au cours de l'histoire littéraire d'aucun peuple, concurremment aux grandes orgues générales et séculaires, où s'exalte, d'après un latent clavier, l'orthodoxie, quiconque avec son jeu et son ouïe individuels se peut composer un instrument, dès qu'il souffle, le frôle ou frappe avec science; en user à part et le dédier aussi à la Langue". (O.C. p. 363)

L'autre possibilité c'est qu'une fois articulée comme langage et soustraite à son aspect musical et mystérieux, la phrase peut être actualisée par le discours, être enfin comprise par l'intellect. Elle deviendrait alors logique et intelligible au lieu de rester absurde.

Le sujet opte pour la seconde possibilité: „J'allais (ne me contentant plus d'une perception) la lisant en fin de vers, et, une fois, comme un essai, l'adaptant à mon parler". Cette phrase-ci est capitale dans sa nature assertorique de type hégélien. Ces quelques mots parcourent toute l'histoire de l'esprit dont le travail négatif aboutit à l'abstraction du monde par le langage, c'est-à-dire à l'adaptation au parler; alors que la parenthèse trahit, en raccourci brillant, le désir d'un discours spéculatif.

En adaptant la phrase absurde à son parler, le sujet rattrape ainsi le mystère originaire, l'explique, efface l'Unheimlich de l'absurdité. La phrase devient donc vers, essai, „parler", c'est-à-dire elle devient Discours sous tous les genres connus de notre littérature. La littérature, le discours scientifique, le langage, tous croient avoir intériorisé, outre la réalité du monde, cette phrase absurde qui agit aux bords du réel.

Reste tout de même le sentiment du „pénible" dans la jouissance du triomphe de l'Esprit sur le Nul. Mallarmé témoigne ici d'une lecture très proche et soigneuse de Hegel[14]. Georges Bataille a bien démontré la pénible jouissance que le discours hégélien éprouve au moment d'atteindre la pleine puissance de la vérité, lorsque le Négatif est transposé en l'Etre-donné, et la mort devient l'autre de la vie. Car, dit-il:

---

14 Dans son étude, *La Poésie de Stéphane Mallarmé* (Gallimard, 1926), A. Thibaudet maintient le contraire (cf. p. 25).

> „Il est vrai que Hegel lui-même, au-delà du discours, et malgré lui (dans un «déchirement absolu») reçut même plus violemment le choc de la mort ( ). Le fait qu'il demeurait vivant était simplement aggravant".[15]

Un „sentiment de tristesse" remplace „l'horreur sacrée" de la mort, dit Bataille. De pareille façon, la pénible jouissance dans le poème n'est qu'un sentiment anodin et fade comparé au bizarre qui condamne le sujet à la fin.

Or, là où le discours philosophique se limite, la poésie ose avancer davantage. Poussé à l'extrême par la jouissance troublée, l'esprit travaille trop l'ancienne lyre fragile, „puis la corde de l'instrument, si tendue en l'oubli sur le son *nul*, cassait sans doute (...)". Le nul éclate, l'abîme de la double suspension absurde s'ouvre de nouveau jusqu'à tout détruire: „(...) et j'ajoutais en manière d'oraison: «Est morte»". Ici apparaît donc la scène de la mort. Dans le néant qui s'ouvre au moment de la corde cassée, le silence authentique devrait être possible. La mort fait son début, comme fiction.

Mais il ne nous est pas encore donné de participer à cette fiction mortelle. Le sujet du *Démon de l'Analogie* est encore trop hégélien, il nous entraîne dans la récupération de la mort par un effort classique: l'oraison funèbre, ce discours éminemment rigoureux et logique. La mort est énoncée, elle s'adoucit comme simple contradiction de la vie; et le silence est bourré d'un torrent de bavardage: „un retour à des pensées de prédilection". Croyant la crise passée, le sujet se repose dans le cercle du savoir. Dans la sécurité de cette connaissance absolue, son discours trahit la banalité de la parole de la foule, cette „vulgarisation" (*L'Art pour tous*, O.C., p. 260), „l'art officiel" (*Crayonné au théâtre*, O.C., p. 298), la „parole brute" et la „pièce de monnaie" qu'on tient prête pour „échanger la pensée humaine" (*Avant-Dire*, O.C., p. 857). C'est le petit professeur de lycée qui tient ce discours profane, soulignant la banalité par une sorte d'auto-dépréciation. Dans *Crayonné au théâtre*, Mallarmé s'accuse d'une pareille tentation à retomber dans „l'amplification majestueuse" de la parole brute:

> „Le sot bavarde sans rien dire, et errer de même à l'exclusion d'un goût notoire pour la prolixité et précisément afin de ne pas exprimer quelque

---

15   G. Bataille, „Hegel, la mort et le sacrifice", p. 34-35.

chose, représente un cas spécial, qui aura été le mien: je m'exhibe en l'exception de ce ridicule". (O.C., p. 298)

Mais la banalité du récit dont la simplicité ne cesse de nous étonner, est une ruse pour qu'éclate d'autant plus l'obnubilation démoniaque du sujet. Tourmenté par „la hâte de la facile affirmation", le sujet reste persécuté par le mystère qui lui échappe toujours: „Harcelé, je résolus de laisser les mots de triste nature errer eux-mêmes sur ma bouche (...)". Pour la première fois, le discours, maître de sa parole et de sa pensée, cède à l'inconscient, unique sol scénique du langage et de la mort. Mais il n'a pas encore abandonné la lutte. Par une incantation dont l'urgence ressemble à l'impulsion démoniaque, il essaie d'ensevelir la phrase absurde, en effet de la faire *vraiment* mourir. Garantir la mort de cette façon suspendrait l'absurdité et l'errance, rendrait la maîtrise et la certitude au savoir restauré. Pour cela il faut l'intonation „en l'amplification de la psalmodie", ce qui veut dire que l'Ode originaire dont nous n'avons que des lambeaux, est amplifiée dans un effort désespéré pour compléter la phrase, pour en faire quelque chose de connu. Au niveau du poème l'amplification consiste en une litanie de la phrase répétée; au niveau de l'histoire humaine elle se manifeste par le phénomène de la multiplication des livres, précisément en notre ère inondée par une littérature prolifique.

La litanie est brusquement interrompue par un autre tournant des analogies: „... ma main réfléchie par un vitrage de boutique y faisant le geste d'une caresse qui descend sur quelque chose ...". Le geste est analogue aux paroles errantes sur la bouche et à l'aile glissante. Le discours a cédé au geste, la psalmodie perd toute affirmation linguistique, le geste silencieux demeure comme seule et dernière manifestation du sujet[16]. Hors de cet échec surgit maintenant „la

---

16 Dans *Le théâtre et son double*, A. Artaud souligne la nature de ce geste. Pour lui ce signe est la seule pratique accordée à l'homme pour pouvoir dépasser l'étroitesse de sa grille logique et consciente:
„Quand nous prononçons le mot de vie, faut-il entendre qu'il ne s'agit pas de la vie reconnue par le dehors des faits, mais de cette sorte de fragile et remuant foyer auquel ne touchent pas les formes. Et s'il est encore quelque chose d'infernal et véritablement maudit dans ce temps, c'est de s'attarder artistiquement sur des formes, au lieu d'être comme des suppliciés que l'on brûle et qui font des signes sur leurs bûchers."
(*Oeuvres complètes*, T. IV (Gallimard, 1964), p. 18).

voix même (la première, qui indubitablement avait été l'unique)". Nous voici donc ramenés au creux de la phrase: „La Pénultième est morte".

Ici finit le récit de la lutte entre l'esprit, le discours et le sujet, d'un côté, et le mystère, l'ancienne Ode de l'explication orphique, de l'autre. Un nouveau paragraphe raconte rapidement les effets de l'échec. A partir de „l'irrécusable intervention du surnaturel", le démon domine maintenant le sujet en qui se lamente le naufrage de sa seigneurie. Le dernier privilège qui lui soit accordé est un regard sur la scène archétypique et primordiale des „paroles inconnues" qui, comme des sirènes, l'ont attiré dans le piège. „La rue des antiquaires", „de vieux instruments", „des palmes jaunes et les ailes enfouies en l'ombre, d'oiseaux anciens", ces expressions font allusion à cette scène antique. La boutique du luthier est la fiction spatialisée de quelque chose de très ancien, d'oublié, et ainsi devenu «unheimlich». C'est pourquoi le sujet est incapable de soutenir un tel regard: „Je m'enfuis, bizarre, personne condamnée à porter probablement le deuil de l'inexplicable Pénultième". Le deuil est le seul aspect de la mort dont l'homme puisse faire l'épreuve, de son vivant. L'histoire humaine „porte" ce deuil par la double expression de la pensée métaphysique et de la littérature traditionnelle. Elle s'aveugle au fait que sa parole savante est le regret d'un savoir échoué.

Le Démon de L'Analogie réfléchit sur cet aveuglement avec le pressentiment déjà qu'il y a „quelque chose d'autre" (*Avant-Dire*). Notre question initiale: comment lire le poème mallarméen? est donc devenue le problème du sujet du *Démon de l'Analogie*. L'analogie lui a posé cette question; en vain il a amorcé plusieurs solutions; il abandonne la lecture-réponse, c'est-à-dire «l'explicable». Paradoxalement et négativement formulé, cet abandon („l'inexplicable") est l'ouverture à une réponse et la seule lecture possible.

II. La pénultième (et) la mort.

La lecture abandonnée, il faut maintenant la poursuivre en quittant, cette fois-ci, la couche visible du récit des analogies, pour scruter un texte sous-jacent dont nous n'avons reçu que les lambeaux: „La

Pénultième .... est morte". Le discours et son sujet nous ont accordé un coup d'oeil sur ce texte en nous assurant de son absurdité et en nous rassurant par là même face à son aspect maudit et bizarre. Abstraction faite de ce seul regard, il faudrait le fuir et l'éviter comme une maladie contagieuse. Pour le discours logique l'unique contagion à craindre est bien sûr la folie et sa ,,parole" disruptive.

Mais nous avons témoigné comment finalement le sujet a été infecté lui-même par la folie de la phrase inconnue: il s'enfuit, bizarre, condamné, accablé justement des mêmes traits — l'absurdité et la malédiction — qui caractérisent les mots fatals de la phrase. Comme nous avons avancé l'hypothèse d'une inextricable duplicité du lecteur avec le sujet, il est nécessaire de poursuivre la fuite de ce dernier et, partant, de confronter la bizarrerie et d'assumer une «lecture de la folie». Le sujet doit devenir le compagnon des lambeaux maudits et partager leur errance à travers le champ de la connaissance représenté par le poème en prose. C'est-à-dire qu'il lui faut être banni de son savoir au milieu de ce savoir même. Ceci engage précisément le mécanisme de la folie. Le topos du *logos* devient ainsi paradoxalement son exil, où il perd toutes ses directions catégoriales, où il se disperse en une hétéro-logie. Ce jeu éclate au for du champ de la connaissance qui s'aveugle nécessairement — nécessité existentielle — sur le fait de cette intime turbulence vertigineuse.

Dès lors le *logos* devient son propre proscrit. Comme on parle de la mort et spécifiquement du meurtre de la pénultième, il s'agit donc d'une expulsion au cours de laquelle se déterminent les rôles de la victime proscrite et du sacrificateur-persécuteur. Nous nous approchons ici de la thèse de René Girard sur le mécanisme de la victime émissaire. Sans, pour l'instant, en suivre les repères, nous pouvons, cependant, dire que la victime et le sacrificateur se précipitent comme des doubles monstrueux au sens que Girard donne à ce terme[17]. *Le Démon de l'Analogie* est une histoire de funérailles et l'acte sacrificiel d'une pénultième morte; discours et sacrifice sont donc des doubles identiques l'un à l'autre. Mais au cours des obsèques le discours s'efforce constamment de se tenir à distance de cette phrase

---

17 R. Girard, *La Violence et le sacré* (Grasset, 1972), chapitre VI: ,,Du désir mimétique au double monstrueux", pp. 201-234.

absurde, de creuser l'écart avec cet „autre" discours qui n'est que son propre être assassiné. Jamais le premier ne questionne sa propre parole, le discours se tient lui-même hors du champ de la problématique évidente de la folie qui n'a trait — ce semble — qu'à la phrase absurde. Mais tant que sacrifice et discours sont dans un rapport de redoublement, cet éloignement conscient effectue nécessairement une sorte de schizophrénie discursive, une aliénation de soi-même, ce qui confère à ce complexe textuel un aspect monstrueux. Ce que Mallarmé exprime ici sous la forme d'un poème en prose, M. Blanchot le résume ainsi:

> „Depuis Mallarmé, nous pressentons que l'autre d'un langage est toujours posé par ce langage même comme ce en quoi il cherche une issue pour y disparaître ou un Dehors pour s'y réfléchir. Ce qui signifie non pas simplement que l'Autre ferait déjà partie de *ce* langage, mais que dès que celui-ci se retourne pour répondre à son Autre, c'est vers un autre langage qu'il se retourne, dont nous ne devons pas ignorer qu'il est autre, ni que lui aussi a son Autre".[18]

Le retour infiniment répété d'un Autre irrécupérable entraîne donc une perte de sens.

Aliéné de lui-même, *Le Démon de l'Analogie* prépare et décrit le sacrifice du sens sans se rendre compte qu'il sacrifie son être autre. Il s'efforce de sauvegarder son intégrité et de soustraire son propre *logos* à la possibilité d'être sacrifié. Mais à son insu, il glisse dans la non-pensée où il est toujours déjà sacrifié. Pour sa part le lecteur, lui aussi, ignore la subversion „bizarre" qui met en question et le récit et le *logos*, à moins qu'il ne soulève le problème de la pénultième morte, et ne „creuse le vers"[19] qui éclate au milieu du discours. Sans poser la question de ce creux, on n'arrivera jamais à «lire», c'est-à-dire à pratiquer tout l'espacement du texte dans *Un coup de dés* — ce que nous avons posé comme le but ultime de notre lecture de l'oeuvre mallarméenne —, bien qu'on le lise cent fois. Car on ne peut pas lire *Un coup de dés*, on ne doit pas le lire. Le lire serait ne pas le «lire» au sens mallarméen.

18 M. Blanchot, *L'Entretien infini*, (Gallimard, 1969), p. 495.
19 Expression tirée de la correspondance de Mallarmé et répétée par Blanchot dans *L'Espace littéraire* (Gallimard, 1955), pp. 33-34.

Or dans *Le Démon de l'Analogie* il y a un emboîtement de deux textes. L'un est le récit, décrit plus haut, dont nous avons suivi le fil dans la première partie de ce chapitre. Expulsé dans un blanc par le premier, l'autre texte dévoile un tissu de métaphores subversives, auquel résiste le récit. Par de multiples efforts celui-ci répète la phrase absurde sans qu'elle se laisse entraîner dans sa linéarité logique. En même temps ces métaphores nous présentent la scène d'un sacrifice tout particulier qui ne peut se montrer qu'après la subversion du récit. Dans le cas du *Démon de l'Analogie* c'est le creux du texte où la phrase gît comme dans un caveau protecteur, ou, au contraire, comme sur un autel sacrificiel. Pour le discours, les fonctions de protecteur et de sacrificateur sont interchangeables, puisque comme victime de son acte d'expulsion, la phrase absurde est à la fois bénéfique et maléfique. Provenant du dehors elle trouble la perception du sujet et engendre ainsi le discours du beau poème en prose d'analogies démoniaques. D'autre part et simultanément elle détruit l'illusion de totalité de ce discours, en ce qu'elle échappe à l'autorité souveraine du *logos* qui se trouve incapable de relever (au sens hégélien d'Aufhebung) l'absurdité (le non-sens) de la phrase. Mais le désoeuvrement du discours doit entraîner l'effondrement de la crypte. Il y a donc dans ce poème le double jeu d'une dissimulation et d'une révélation: le mécanisme d'une série de métaphores produit le discours logique qui se sait le tombeau de la phrase absurde, donc son maître et son impresario et son dompteur. La chaîne infinie des métaphores, cependant, implique aussi la perte du sens et le surgissement d'une scène de la mort.

D'abord il y a une phrase, „La Pénultième est morte": première métaphore, postulation qui devra être examinée et vérifiée. Puis il y a l'espacement de la même phrase,

         La Pénultième
     est morte:

deuxième métaphore; s'insinuant dans le texte, l'espace vide suggère déjà ce dont parle *La musique et les lettres* de 1894: „*autre chose ... ce semble que l'épars frémissement d'une page ne veuille sinon surseoir ou palpite d'impatience, à la possibilité d'autre chose*" (O.C., p. 647). Ensuite il y a le poème en prose réfléchissant sur la simulation extraordinaire et catastrophique opérée par ce texte phrastique au milieu de son propre texte, réflexion sur une mort fictive: troisième métaphore, phase de conceptualisation de la problématique «pénultième morte», tentative d'explication analogique dont nous avons suivi l'échec. Le passage de la deuxième à la troisième métaphore, du blanc de l'espacement au discours explicatif, est extraordinaire parce qu'il abrite un leurre originaire. C'est que l'événement d'une non-pensée, d'une absurdité maudite, offre la possibilité d'une pensée discursive et d'une présence subjective. Le discours se maintient tant qu'il vit dans l'oubli de cet artifice. Son échec est l'effet d'une réfléxivité *interne* qui quitte le détour à travers le *logos* où toute réflexion reste objectale, et rentre au creux de la phrase absurde.

Enfin il y aura le poème *Un coup de dés* pratiquant la simulation au lieu de se brouiller dans le leurre de la réflexion: encore une métaphore que la fuite finale du *Démon de l'Analogie* anticipe. Elle présage le naufrage dramatisé dans *Un coup de dés*. Le „bizarre", expression de l'inattendu et du capricieux, anticipe le rôle que jouera le hasard; en même temps „bizarre" est dérivé du mot espagnol désignant „brave"; en effet, le sujet fuyant et bizarre — obsédé par l'Unheimlich démoniaque — se transforme dans *Un Coup de dés* en homme naufragé mais brave qui est „maître", „chef" et „héros". La métamorphose apparente du bizarre est indicative du cheminement de l'oeuvre mallarméenne. L'épouvante du „bizarre" qui réside dans *Le Démon de l'Analogie* et y est exprimée par „l'inexplicable" doit être soustraite du discours, donc coupée de l'explicable aussi bien que de l'inexplicable, et remise au suspens originaire d'où le sujet l'avait enlevée. Ainsi, tout en maintenant la nature de l'inattendu et du démoniaque, le „bizarre" offre au sujet d'*Un coup de dés* les conditions de possibilité d'une „souveraineté" qui le déterminerait à partir du hasard originaire[20]. Par conséquent, „l'inexplicable"

---

20 Tandis que dans *Le Démon de l'Analogie* le sujet fige le sens du „bizarre" dans son propre sentiment d'effroi et d'angoisse, *Un Coup de Dés* suspend le „bizarre" dans l'ambiguïté de l'„héroïque" d'un côté et du „démoniaque" de l'autre, sans vouloir fixer les deux termes. La maîtrise de l'homme représentée par l'„héroïque" et le hasard représenté par „l'inattendu" sont donc le double l'un de l'autre et apparaissent identiques dans le „bizarre" qui, lui, devient l'indice du jeu inconditionné entre la nécessité et le hasard. Mais ce n'est qu'un indice allusif.

préfigure – quand même négativement – l'ambiguïté fondatrice et originaire d'*Un Coup de dés*, tout en renvoyant à la première métaphore du *Démon de l'Analogie* qui reste inexpliquée. Ainsi se dessine un pli qui permet le reflet à la fois rétrospectif et prospectif grâce à une économie métaphorique.

Comment cette métaphorisation généralisée se «constitue»-t-elle? La phrase „La Pénultième est morte", en donne la clef; mais au lieu d'une ouverture à une compréhension englobante de ce qui est à l'oeuvre «à l'origine», elle se soustrait à toute lecture, c'est-à-dire que, loin d'être un passe-partout, la clef ouvre la voie à un piège où s'effondre le sens de la phrase. Le mécanisme de ce leurre ressemble à celui qu'opère la folie dans un texte de M. Blanchot sur Hölderlin:

> „La folie serait donc un mot en perpétuelle disconvenance avec lui-même et interrogatif de part en part, tel qu'il mettrait en question sa possibilité et, par lui, la possibilité du langage qui le comporterait, donc l'interrogation, elle aussi, en tant qu'elle appartient au jeu du langage. Dire Hölderlin est fou, c'est dire: est-il fou? Mais, à partir de là, c'est rendre la folie à ce point étrangère à toute affirmation qu'elle ne saurait trouver un langage sans le mettre sous la menace de la folie: le langage comme tel, devenu fou".[21]

De même, notre phrase est en perpétuelle disjonction interne: la pénultième et la mort sont incompatibles, elles ne peuvent soutenir leur co-existence dans la même phrase. Blanchot souligne l'incompatibilité de l'être et de la folie par l'interrogation de leur juxtaposition syntaxique. Mallarmé la trace par l'espacement qui détruit la linéarité logique de la phrase. A partir du blanc qui y „assume l'importance" (Préface à *Un coup de dés*), la violence du récit contre la phrase est plutôt dirigée contre un non-sens; car, à vrai dire, la phrase ne se constitue jamais comme «phrase», mais comme «phrase *absurde*» engloutie dans un vide. La violence du discours ne vise donc qu'un objet chimérique, fait qui contribue si lourdement au désoeuvrement du récit et de son sujet. En des termes girardiens[22] – ayant trait à la crise sacrificielle qui „doit se définir comme

---

21 M. Blanchot, *Le Pas au-delà*, (Gallimard, 1973), pp. 65-66.
22 R. Girard, *La Violence et le sacré*, chapitre II, surtout pp. 76-77.

une crise des différences" — on peut dire que, dès que la phrase se dévoile comme une victime mensongère, elle perd sa valeur de victime sacrifiable. Une violence réciproque et universelle se répand s'insinuant par les analogies, à partir de laquelle le discours se détruit lui-même.

Mais si la phrase n'est pas phrase, n'est pas un énoncé logique, qu'est-ce qu'elle est en fin de compte? Elle est toujours déjà une métaphore; son sens est toujours déjà dérivé. Car la pénultième est le signifiant auquel le signifié correspondant échappe toujours. On ne saura jamais à quel nom propre la pénultième aura figuré comme avant-dernière syllabe. La première métaphore n'est jamais la représentation adéquate de la réalité telle quelle et non-dérivée, ce que Nietzsche appelle „l'X énigmatique de la chose en soi" dans son *Introduction théorétique sur la vérité et le mensonge au sens extramoral*[23]. Là, il a bien tracé l'irréversibilité du processus métaphorique dont nous ignorons le terme originaire, présent et propre, mais dont le mécanisme peut être agité et poussé à l'infini, tant que nous sommes prêts à nous laisser entraîner par le jeu des métaphores.

La pénultième est notre connaissance. Mais, dès Nietzsche, nous savons aussi que cette connaissance est un oubli absolu de sa propre histoire qui la fonde. La pénultième est la métaphore de notre profonde méconnaissance originaire. Nous ignorons à jamais le nom dont la pénultième serait l'avant-dernière syllabe[24]. En insistant sur la pleine signification de la pénultième et de sa mort, le sujet du récit se bat avec un fantôme; la violence discursive devient finalement gestuelle. Son propre sens lui échappe au fur et à mesure qu'il aug-

---

23 In: *Le livre du philosophe* (Aubier, 1969), p. 179.
24 Nous n'avons pas l'intention de couper la polysémie de la phrase „La Pénultième est morte" en lisant la pénultième comme texte et fiction. D'autres lectures interprètent la Pénultième comme une personne ou une chose particulière. En nous appuyant sur la pénultième comme une fiction qui raconte l'histoire d'un mot, quand même oublié, nous reconnaissons en même temps que ce poème décrit principalement le processus créateur de la poésie par des analogies, mais qu'il est simultanément le produit de ces correspondances énigmatiques. Au centre de ce redoublement, la pénultième joue le rôle catalytique qui commence le mouvement du poème en prose dont le sujet est la création de ce même poème. Pour ces raisons, la métaphore d'une avant-dernière syllabe est notre lecture privilégiée.

mente la violence contre une phrase imaginaire et vide de sens. Le mécanisme qui défait toujours déjà la phrase comme entité logique, rejette aussi toujours déjà la violence discursive du récit parce que celle-ci est fondée sur la même logique. Ce rejet effectue l'affaiblissement de tout pouvoir de la part du sujet qui devient un fugitif bizarre, et la dislocation du *logos* qui ne peut poursuivre dorénavant que l'inexplicable.

Ainsi commence l'ambiguïté de la pénultième: elle est morte. De cette mort J.P. Richard dit que „sémantiquement la pénultième vit au bord du non-être"[25]. Mais si cette syllabe est morte, la présence de la syllabe ultime devient extrêmement problématique. En effet, il est possible que cette présence soit impossible parce que toute dernière syllabe postule comme modalité de son être, l'existence d'une pénultième. La syllabe ultime mise en doute, la vérité de la pénultième est aussi ébranlée. L'avant-dernière ne peut avoir de sens qu'à partir de la présence d'une dernière syllabe. Il s'ensuit que, pour être morte, la pénultième ne peut plus être en vérité une pénultième mais quelque chose d'autre.

On pourrait alors postuler que, si „l'avant-dernière" et la mort ne peuvent logiquement co-exister dans la même phrase, il faut assumer 1) ou la non-présence de cette syllabe, ou 2) l'impossibilité de la mort. Explorons cette alternative.

1) Si l'on pose l'ambiguïté logique de la fiction „La Pénultième est morte", la vie comme l'autre de la mort est aussi violemment écartée du système fermé de ce qui a et donne du sens. La vie ainsi déconstruite, de l'avant-dernière et de la dernière, le nom propre en tant que tel dont ces deux syllabes font parties, disparaît parce que, tant qu'il y a un nom, il faut une fin; sans fin, il n'y a pas de commencement non plus. La linéarité du rapport archè-telos éclate; par conséquent, il n'y a pas de nom propre.

On reconnaît alors que l'ignorance du nom propre, signifié de la pénultième, et dont nous avons parlé plus haut, n'est pas accidentelle mais, au contraire, essentielle et une fonction directe de la pénultième morte. Le nom propre est toujours déjà absent. Ainsi la phrase souligne-t-elle la théorie épistémologique de Nietzsche. Nommer le

---

25 J.-P. Richard, *L'Univers imaginaire de Mallarmé* (Seuil, 1961), pp. 60-61.

signifié de la pénultième (chez Nietzsche ce serait nommer le monde), c'est le produit d'une chaîne d'erreurs et de fantasmes. La vérité n'est finalement qu'erreur et non-connaissance. La reconnaissance de cette généalogie de la vérité est bouleversante: d'où le deuil de l'inexplicable (réaction négative dans *Le Démon de l'Analogie*) et la dispersion infinie (réaction affirmative et cosmique-héroïque) qui s'achève à tous les niveaux dans *Un coup de dés* où, pour ne plus être plongée dans l'erreur originaire, cette reconnaissance catastrophique se pose alors hors de toute pensée philosophique, hors de toute „vérité"; elle se donne authentiquement comme pratique. La phrase produit le seul «sens» qui l'habite, par le rejet du non-sens que le discours est devenu. La violence se déplace du discours logique qui la dirige vers un objet hors de lui, et se reconstitue comme la signification d'une phrase absurde. Ceci constitue le «quelque chose d'autre» (cf. p. 41) de la pénultième.

2) „La pénultième est morte" est la fiction d'une mort. Dans le cadre des catégories logiques, la phrase se comprend comme le produit d'une activité négatrice „relevant" la réalité; elle est alors la simulation de cette réalité qui, pourtant, *n'a jamais été*. Le paradoxe de cet événement non-présent est ce que Blanchot appelle le glissement dans „l'immense oubli que porte la parole"[26]. Elle simule la vérité de la mort qui, en tant que telle, n'est pas possible — sinon textuellement. Le jeu du texte „La Pénultième est morte" est tel qu'il présente un acte qui énonce sa propre fabulation: l'événement de la mort, son acte, sa présence, est *en même temps* sa propre simulation, le non-présent, le non-déterminé, la fable, le hasard. Etant acte et énonciation de l'acte, ce texte opère une auto-réflexion sur sa fiction comme limite de la mort: la mort est et n'est pas. Ce paradoxe peut se maintenir dans la neutralisation de toutes les oppositions dialectiques réalisée par la juxtaposition absurde et impossible de la pénultième et de la mort dans le système logique d'une phrase. Dans le circuit de la métaphorisation généralisée, l'activité négatrice de la relève est remplacée par le jeu démoniaque de l'analogie où toute opposition devient instable et où tout couple de termes ne se laisse tracer qu'avec une duplicité interne et infinie.

26 Blanchot, *L'Entretien infini*, p. 313.

Ainsi, l'auto-réflexion doit-elle conduire directement à la «pratique» de l'espacement:
>La Pénultième
>Est morte

Dans un passage extrêmement dense sur G. Bataille, Blanchot réussit à retracer cette pratique:

> „Ce que nul existant ne peut atteindre dans la primauté de son nom, ce que l'existence même dans la séduction de sa particularité fortuite, dans le jeu de son universalité glissante, ne saurait contenir, ce qui échappe donc décidément, la parole l'accueille, et non seulement elle le retient, mais c'est à partir de cette affirmation toujours étrangère et toujours dérobée, l'impossible et l'incommunicable, qu'elle parle y prenant origine, de même que c'est dans cette parole que la pensée pense plus qu'elle ne peut penser. Et sans doute non pas n'importe quelle parole: celle-ci ne contribue pas au discours, elle n'ajoute rien à ce qui s'est déjà formulé, elle voudrait seulement conduire à cela qui, hors de toute communauté, en viendrait à se «communiquer», si enfin, «tout» ayant été consommé, il n'y avait plus rien à dire: disant alors l'exigence ultime."[27]

Mallarmé, lui aussi, décrit ailleurs cette pratique:

> „Il est ( ) un art, l'unique ou pur qu'énoncer signifie produire: il hurle ses démonstrations par la pratique. L'instant qu'en éclatera le miracle, ajouter que ce fut cela et pas autre chose, même l'infirmera: tant il n'admet de lumineuse évidence sinon d'exister." (O.C., p. 295)

Mais *Le Démon de l'Analogie* ne soutient pas encore une telle pratique. Le blanc à l'intérieur de son texte est justement „l'instant qu'en éclatera le miracle", tandis que le récit, lui, constitue l'excès qui „infirmera" la pratique. Le poème en prose „ajoute" inutilement[28] en réfléchissant sur l'événement extraordinaire de la simulation qu'il abrite au for de son écriture. Il abandonne l'espacement et essaie de *penser* l'énigme de cette mort pour s'assurer de son événement véritable. Peut-être aussi pour s'assurer de la vérité de sa vie. Le poème désire établir la réalité, *après-coup*. Comme le poème appartient, cependant, à la réalité en tant que récit, l'après-coup implique alors

---

27 Blanchot, *L'Entretien infini*, p. 312.
28 Mais cette inutilité constitue précisément la clef facilitant notre entrée dans la poétique mallarméenne.

le statut non-originaire du sujet et de son discours: l'homme et son monde sont dérivés d'une énigme, dans notre cas d'un texte absurde.

Les rapports des deux textes du *Démon de l'Analogie* sont ainsi renversés; ce n'est plus le récit qui abrite la phrase absurde, mais, au contraire, la phrase et le creux dans lequel elle habite, qui déterminent le destin du sujet et de son discours. *Ce qui trace la pratique*.

La poésie mallarméenne constitue le cheminement vers cette pratique, où, cependant, le mouvement ne doit pas être compris comme une linéarité temporelle ou arraisonnée, puisque la pratique n'est ni présence ni logique, mais un moment de suspens. *Un Coup de Dés* peut être considéré comme le lustre de ce suspens qui reflète la pratique tout entière.

A partir de son double texte emboîté, nous lisons *Le Démon de l'Analogie* comme une facette du lustre reflétant le tout par les „lambeaux absurdes" sans être la scène du lustre, tant que le récit conscient intervient encore. La fascination que ce poème en prose engendre chez le lecteur attentif est justement évoquée par la hantise de l'étincellement de cette facette laissant pressentir la possibilité d'un renoncement de toute lecture dans le suspens du lustre.

Chapitre II

Le théâtre de la Virginité:

HERODIADE

I. Préambule: La question de la possibilité d'une lecture.

Le premier chapitre a posé la possibilité d'une disparition de la lecture entendue comme la recherche et la poursuite du sens en général. Nous proposons, à présent, de creuser les conditions de cette possibilité, car nous nous doutons que cette fouille éclaircira également l'origine occultée, parce que scandaleuse, du sens lui-même. Pour cette entreprise le théâtre d'*Hérodiade* nous paraît exemplaire et symptomatique.

Si notre lecture est d'emblée mise en cause, il nous incombe d'invoquer de prime abord la question de la princesse, devant son miroir, au milieu de *Scène*: ,,Nourrice, suis-je belle?" Emblématique de notre position devant l'oeuvre poétique mallarméenne, cette question *de* la beauté virginale (la princesse) *sur* le sens de cette beauté ouvre l'interrogation auto-réflexive sur la possibilité ou l'impossibilité de la Beauté. Plus globalement, elle interroge le sens de son être symbolique et les conditions de possibilité de ce sens. C'est la question sur l'origine du sens comme origine du symbolique. Posée au milieu d'une représentation scénique de toutes les vertus virginales d'un sens idéal que le poète recherche ici, elle ébranle la vérité de la beauté et déconstitue la thématique de la prise de conscience volontaire, de la part du poète, sur laquelle on base communément l'interprétation de la figure d'Hérodiade.

En revanche, cette question reflète la totalité des effets générés dans *Hérodiade*, qui sont analogues au désoeuvrement produit par la phrase absurde dans *Le Démon de l'Analogie*, à cette différence près, mais elle est d'importance, que le récit du poème en prose s'efforce de tenir à distance le péril au moyen d'un jeu emboîté de textes et

45

d'un blanc insinué au coeur de l'espace textuel, tandis qu'ici la question s'inscrit dans la continuité du texte. Dans *Hérodiade*, en effet, l'exigence d'un sacrifice du sujet et du sens est d'emblée présente, elle concerne à la fois le sujet lui-même et son discours logique. Ceci implique évidemment une torsion-sur-soi du texte qui inaugurerait une violence suicidaire.

Il ne faut jamais perdre de vue cette parenté avec le poème en prose. Il y a, cependant, ce nouvel aspect étranger d'un saut radical et irréversible dont *Hérodiade* est l'expression allégorique. A partir de l'incorporation, dans le texte, du mécanisme désoeuvrant, le logos-maître co-habite avec l'absurdité. La fonction qu'assume la phrase absurde dans l'autre poème, c'est ici le texte lui-même qui l'induit. C'est une transgression qui implique l'absurdité du texte même et projette notre lecture de Mallarmé sur un tout autre plan. La phrase absurde est devenue un texte absurde. Mais l'est-il vraiment? La réponse devrait être trouvée au coeur même de la notion de virginité.

Quant au lecteur, il doit faire face à l'opacité du texte sans pouvoir se réfugier dans la «logique» de l'inexplicable. Il ne peut que suivre le regard d'Hérodiade: en tant qu',,illisible'', l'inexplicable devient un miroir opaque qui ne sait rendre à la princesse la vérité de sa beauté, et au lecteur la signification de ce qu'il y «lit». Nous proposons donc ci-après une thèse qui ne cherche qu'à élucider l'impuissance du sens à s'établir et, partant, son origine mystérieuse.

Pour l'ensemble de notre démarche analytique, nous tiendrons compte, en premier lieu, du grand cadre biblique dans lequel la pièce s'inscrit nécessairement, malgré de nombreuses indications contraires qui croient y discerner une affinité avec quelques oeuvres contemporaines[1]. Mais, pour le lecteur contemporain aussi bien que pour le lecteur actuel, le contexte biblique est universellement valable et ne peut être nié. Nous lirons également les fragments des *Noces d'Hérodiade*[2], ce qui nous conduit à placer *Hérodiade* sous le signe du sacrifice.

---

1   Influences de Flaubert, de Baudelaire, de Th. de Banville, même de H. Heine (,,Atta Troll'').
2   Publiés et commentés par Gardner Davies (Gallimard, 1959). Pour la suite, toute citation de cette oeuvre sera indiquée par ,,*Noces*'' et le nr. de la page.

L'évocation de ce cadre général nous permettra en outre d'analyser l'anecdote à la lumière de l'hypothèse de la victime émissaire de René Girard[3] et d'en tirer une signification jusqu'à présent cachée sous les divers commentaires et les multiples interprétations que revêt le thème si apparent de la beauté et de la pureté.

Ensuite, et pour suivre l'indication donnée par Mallarmé lui-même d'un décalage entre son théâtre et l'anecdote biblique, nous entendons rendre compte d'un mouvement du texte vers une réflexion de son propre procès de simulation, et ce, sans prêter attention au contenu censément originaire ou référentiel. A ce niveau, *Ouverture ancienne* nous servira à scruter la transposition du schème sacrificiel en une scène de pur simulacre et d'oubli. Par le repérage d'un double jeu de l'Image et du Temps, celle-ci effectue la sublimation de l'anecdote et de son cadre biblique et référentiel, vers une idéalité qui impliquera la fonctionnalité d'une pure abstraction textuelle et la capacité du lecteur à valoriser cette métaphorisation et à la douer d'un sens idéal. La figure de la nourrice qui prête sa voix au monologue d'*Ouverture ancienne*, sera le catalyseur du rapprochement du sens et du sacré qui se dessine ici.

Enfin nous essaierons d'examiner, dans *Scène*, l'auto-réflexion textuelle dans toute sa radicalité tranchante sous l'angle de la thématique sacrificielle, et d'y discerner une problématique qui nous semble toute particulière au texte mallarméen. Celle-ci le situe d'emblée, croyons-nous, au coeur même des discussions les plus actuelles sur l'engendrement du sens. L'analyse aura ceci de nouveau, à notre avis, qu'elle se proposera de découvrir, à partir de ce que le chapitre sur *Le Démon de l'Analogie* a révélé eu égard à l'ébranlement du *logos*, la crise du *logos* au coeur même du discours de la beauté, celui-ci ayant toujours été lu, dans le cadre de *Scène*, comme une déclaration «sublime» par laquelle Mallarmé énonce sa conception sur la Beauté comme Absolu et Universel catégorique. Par le truchement de la beauté virginale, nous poursuivrons donc la mise en question du

---

[3] Nous en suivons les réflexions dans *La violence et le sacré* (Grasset, 1972), dans *Des choses cachées depuis la fondation du monde* (Grasset, 1978), et dans *Diacritics*, March 1978.

langage, comme porteur de la vérité, processus qui accompagne une crise sacrificielle dans le poème même[4].

Cette convergence de deux crises qui englobent toute la pensée humaine, constituera le contenu de notre analyse. Celle-ci prend donc ses distances vis-à-vis de tout effort interprétatif du type de celui poursuivi par Gardner Davies lorsqu'il dit que „dès la première conception de l'oeuvre, c'est sans doute le symbolisme, plutôt que l'anecdote évangélique, qui attire le poète" (*Noces*, p. 15). Une telle position critique se limite volontiers à un point de vue qui refuse de mettre en question le *logos* — d'où la référence restrictive au mouvement symboliste —, position qui, en s'aveuglant sur le statut du discours critique lui-même, finit toujours par objectiver le texte mallarméen, où il faut, au contraire, reconnaître le statut fragmentaire d'*Hérodiade* comme constitutif même et extensif de la signification du poème. Sans récuser l'importance des critiques éminents qui ont poursuivi l'exégèse de l'oeuvre mallarméenne, notre analyse veut simplement ajouter une autre perspective afin de tenter de discerner le mouvement de la pensée mallarméenne en son fond le plus intime. Ainsi, et en ce qui concerne *Hérodiade* et la révélation de la crise du *logos* qui y coïncide avec celle du sacré, notre discours doit se mettre lui-même en question afin de vraiment participer à la décomposition du *logos* au sein de la crise; et il doit lire ce qui reste inachevé, tenir compte des efforts continuels de l'auteur pour „réussir"[5], et finalement de son échec. Si, selon Davies, „le symbolisme attire le poète", il le pousse finalement aussi aux bords d'un abîme effrayant, comme en témoignent plusieurs lettres de Mallarmé, précisément parce que le symbolisme s'avère inextricablement lié au caractère sacrificiel de l'anecdote évangélique. Cela du moins en un plan latent qui sous-tend le récit de la beauté.

En soulignant le rôle de victime sacrificielle, assumé par Jean, nous reconnaissons en même temps que le poème de Mallarmé sublime, au sens hégélien du mot, l'anecdote biblique jusqu'à en faire

---

4   Pour l'esquisse de cette double crise nous nous appuierons sur les réflexions de Gérard Bucher, présentées au cours de plusieurs conférences sur R. Girard données à Buffalo, N.Y., au printemps 1978.

5   Lettre de Mallarmé à H. Cazalis du 30 octobre 1864, in: *Documents Stéphane Mallarmé*, présentés par C.P. Barbier (Nizet, 1977), tome VI, p. 239.

une sorte de manifeste de la création artistique. De plus, et en raison du caractère fragmentaire du poème, nous croyons y discerner un second décalage, plus important en regard du projet qui anime l'oeuvre entière du poète; car les certitudes du manifeste cèdent le pas à une méditation relative à l'énigme de la production du sens.

II. L'anecdote: Un sacrifice et une victime émissaire.

A la différence apparente (dans le double sens du mot) du théâtre d'*Hérodiade*, l'anecdote biblique où figure Hérodiade tourne autour du personnage du précurseur. Jean est l'adversaire d'Hérode. En critiquant ouvertement la vie mondaine et l'inconduite de la cour, il refuse de reconnaître la légitimité du roi, il le discrédite en tant que représentant du peuple juif. Il ôte à la cour d'Hérode le droit de propriété qu'elle prétend s'arroger sur le peuple juif. Cette dénonciation fait de Jean le possesseur d'une vérité d'ordre supérieur. Menacée de multiples malheurs — l'occupation romaine, la prophétie d'un roi usurpateur à venir, la violence indifférenciée mais finalement vaine contre les nouveaux-nés mâles —, la cour d'Hérode n'a besoin que d'un seul coupable qui assumera le rôle de victime émissaire et détournera sur lui la destruction à laquelle tous semblent voués. Le «voleur» Jean serait justement la victime destinée à remplir ce rôle de bouc émissaire. Nous sommes confrontés à une situation parfaitement conforme au mécanisme victimaire tel que Girard l'a exposé. Pour renforcer cette référence à la théorie girardienne, nous pourrions rappeler les hésitations d'Hérode face aux injonctions de sa femme demandant la tête de Saint Jean. Le texte évangélique constate explicitement que le roi reconnaissait la vertu et la sainteté de Jean qui apparaît ainsi comme la parfaite victime sacrificielle dotée de qualifications simultanément maléfiques et bénéfiques.

Ce qui est, en outre, intéressant dans le contexte de la ré-élaboration de l'anecdote évangélique dans le récit d'*Hérodiade*, c'est d'abord le tableau des adversaires en présence: Jean face à la cour d'Hérode anticipe la confrontation de Jésus devant le Sanhédrin, mais cela à un niveau plus «réaliste», puisqu'ici c'est la moralité de la vie de la cour qui est incriminée tandis que la confrontation de Jésus avec les prêtres porte sur des questions ultimes ayant trait à la divinité et au messianisme[6]. Deuxièmement, le reproche spécifique de Jean concerne la femme d'Hérode qui était aussi sa belle-soeur. Il s'agit donc d'adultère et de questions portant sur la conduite sexuelle. Or c'est précisément cette femme qui demande la tête de Saint Jean. Elle réclame l'exécution de Jean pour effacer sa propre faute ou en dissimuler le scandale.

Or, pour interroger *Hérodiade* du point de vue du mécanisme victimaire, nous commençons par la question de la femme. Mallarmé s'est expliqué sur le choix du nom d'Hérodiade dans une lettre à Eugène Lefébure:

> „La plus belle page de mon oeuvre sera celle qui ne contiendra que ce nom divin Hérodiade. Le peu d'inspiration que j'ai eu, je le dois à ce nom; je crois que si mon héroïne s'était appelée Salomé, j'eusse inventé ce mot sombre, et rouge comme une grenade ouverte."[7]

Maint critique y a fixé son attention[8]. C'est donc un choix esthétique et poétique, témoignant de l'imagination associative du poète. Richard, surtout, insiste sur le thème érotique qui se cache sous le nom d'Hérodiade, cette opinion étant soutenue du reste, par les associations relatives à la sexualité et à la cruauté dans le poème *Les Fleurs* (O.C., p. 33). Mais il faut aussi rendre compte du fait que le nom d'Hérodiade est associé originairement à l'Evangile et au récit de Saint Jean-Baptiste. L'Hérodiade de Mallarmé est donc, de prime abord et intimement, liée à cette femme de l'Evangile dont nous ne connaissons que deux traits: sa sensualité empreinte de cruauté et sa fureur envers Jean dont elle exigea la décollation. Nous avançons l'hypothèse que la transformation de la femme charnelle de la Bible

---

6   Le passage des questions mondaines concernant Jean à celle, ultime, de la divinité concernant Jésus, est indiqué par les mots de Saint Jean: „Moi je vous ai immergés d'eau, mais lui vous immergera d'Esprit saint." (Marc I, 8).

7   Février 1865, in: *Correspondance*, recueillie par H. Mondor (Gallimard, 1959), p. 154.

8   J.-P. Richard, *L'univers imaginaire de Mallarmé* (Seuil, 1961), p. 144; R.G. Cohn, *L'oeuvre de Mallarmé, Un coup de dés* (Librairie des Lettres, 1951), p. 278; S. Verdin, Stéphane Mallarmé, *Le presque contradictoire* (Nizet, 1975), pp. 108-120.

en la vierge intouchée de *Scène* trahit — plutôt qu'une parenté entre la Salomé biblique et l'Hérodiade mallarméenne — un travail occulté du texte visant à préserver le mécanisme sacrificiel dont Saint Jean demeure la victime et cela, quoiqu'il ne soit plus reconnu comme tel par le sacrificateur. Nous y reviendrons. Il suffit de remarquer ici que cette hypothèse, de par son cheminement logique, nous paraît plus convaincante que des interprétations basées sur le seul élément symbolique de la phonétique du nom d'Hérodiade, qui, chez Richard p.e., conduisent, par le truchement de l'opposition d'un „paysage" sadique à un autre masochiste, à une métamorphose de la „femme-bourreau" en la „femme-victime"[9]. On trouve, du reste, difficile de concilier une telle hypothèse toute empreinte de psychologisme à une thématique comme celle de Davies qui voit dans *Hérodiade* le mariage entre le poète-génie et la création artistique. Toutes ces thèses sont ponctuelles et ne couvrent, le cas échéant, qu'une partie de la pensée mallarméenne. Ce qui est plus grave, c'est leur tendance à compartimenter l'oeuvre d'où il serait désormais difficile d'extraire la notion totale.

Au contraire, nous avons un aveu de Mallarmé lui-même qui nous semble corroborer implicitement notre hypothèse:

> „J'ai laissé le nom d'Hérodiade pour bien la différencier de la Salomé je dirai moderne ou exhumée avec son fait-divers archaïque — la danse etc., l'isoler comme l'ont fait des tableaux solitaires dans le fait même terrible, mystérieux — et faire miroiter ce qui probablement hanta, en apparue avec son attribut — le chef du saint — dût la demoiselle constituer un monstre aux amants vulgaires de la vie." (*Noces*, p. 51).

En dehors du „nom divin" auquel il doit „le jeu d'inspiration" qu'il a eu, Mallarmé trace ici nettement une ligne séparant la jeune fille de l'Evangile, Salomé, de celle de *Scène*, Hérodiade, et cela de manière à ce que la vierge du poème ne soit pas confondue avec les „amants vulgaires de la vie". Il met une distance infranchissable entre la jeune fille qui n'a rien à voir avec le sacrifice de Jean[10], et la vierge

---

9 *L'univers imaginaire de Mallarmé*, p. 120-21.
10 Sauf à bénéficier de l'ordre et de la paix qui se rétabliraient à partir du sacrifice de Jean; dans le cadre de notre analyse, elle pourrait être considérée neutre dans la constellation esthétique, donc comme la parole brute que Mallarmé oppose à la parole essentielle (O.C., p. 857).

de *Scène* qui par son nom même rappelle l'adversaire de Saint Jean (voici l'intérêt d'une référence à l'anecdote évangélique), et qui, isolée du commun, devient „monstre", ne participe plus au sens, devient donc mystérieuse. Cette monstruosité (l'absence de la logique et du catégorique) la rattache justement à l'autre acte monstrueux, celui de la transgression de la femme d'Hérode qui se sert précisément du supplice pour justifier et légitimer sa transgression sexuelle, là où le sacrifice de Jean devrait l'expier. Cette confusion catastrophique entraîne la non-reconnaissance de la victime, postulée ci-dessus. La confusion est visible dans *Scène* par l'accumulation d'une triple transgression — le baiser, les parfums offerts, le toucher — de la nourrice oublieuse du tabou, mais aussi dans la résignation amère et confuse de la princesse elle-même vers la fin. Chez Girard cette confusion et cette monstruosité (absence d'ordre et de lois ordonnatrices) signifient la crise sacrificielle.

Pour ce qui est de l'autre aspect qui nous renvoie au contexte d'*Hérodiade*, à savoir le rapport de sublimation entre la confrontation de Jean et d'Hérode et celle de Jésus face au Sanhédrin (cf. p. 49), le texte mallarméen semble avoir réussi à fusionner la sphère du profane et de la morale particulière et celle de l'absolu et du divin. Au niveau figuratif du récit, c'est l'adoption du symbole traditionnel de la vierge comme expression de la beauté et de la pureté, qui exprime la convergence des sphères. Mallarmé ne fait ici que reprendre un symbole à première vue bien commun. Néanmoins, dans le cadre sacrificiel qui nous sert de véhicule pour comprendre tout l'impact d'*Hérodiade* dans son oeuvre, la princesse vierge représente, au niveau de la sphère du profane, une transgression «retournée» et pervertie à un tel degré qu'il ne reste que l'absence de sexualité. Au niveau de la sphère sublimée d'autre part, elle représente la Beauté absolue, cet absolu divin que se disputent aussi Jésus et le peuple juif. Que cet absolu soit placé sous le signe de l'esthétique chez Mallarmé reste secondaire vis-à-vis du fait fondamental qu'*Hérodiade* est la scène où se rencontre la double problématique du transfert 1) d'un don temporel-profane-humain (la question de la sexualité-virginité), et 2) du droit au don absolu, transcendental et a-temporel de la divinité (chez Mallarmé le mystère de la notion pure).

Tout se passe donc comme si le double message de l'épisode du précurseur se trouve répercuté dans une seule scène surdéterminée, *Hérodiade*, où éclatent, une fois la densité de cette sur-détermination dévoilée, toutes les ramifications du désir humain, c'est-à-dire son aspect fini de données temporelles aussi bien que son aspect transcendental tourné vers l'Absolu.

III. L'image sans pré-sence et l'oubli du référent: OUVERTURE ANCIENNE.

Pour que la figure historique de Jean se transforme en l'autre d'une valeur idéale, bonne à soutenir le processus dynamique du texte produisant un sens, il est nécessaire qu'elle soit transcrite dans le théâtre de la Virginité, et transposée en l'idéalité d'une valeur à la fois universelle et transférable au lecteur. Il s'agit de la transposer, à la fois, en siège de la connaissance au niveau le plus englobant et le plus général, et en messager catalytique de l'économie textuelle qui transfère cette connaissance à tout lecteur. Il faut que la victime anecdotique soit transposée en un sens idéal et généralisé.

A cette fin *Ouverture ancienne* propose d'abord un travail négatif qui a pour but de congédier la réalité du meurtre de Saint Jean Baptiste et du rôle d'Hérodiade, et de la sublimer ensuite en une présence idéale. Comme „Incantation" elle chante le drame du vide. Du premier „Abolie" jusqu'à la dernière „étoile mourante, et qui ne brille plus", le texte représente le lendemain du meurtre et l'absence de la princesse, en se débarrassant de tout signe représentant la réalité passée. Parmi les multiples indices de ce vide, nous voulons en analyser deux qui corroborent le plus notre thèse et préparent l'analyse de *Scène*. Ce sont *l'image* des „incarnats" et son jeu avec le vitrail, et *l'oubli* d'une voix qui doit être ré-évoquée.

a. Le jeu de l'image et le vitrail.

Nous commençons avec la première partie d'*Ouverture ancienne* qui s'achève sur le vers „Et sur les incarnats, grand ouvert, ce vitrail".

Si l'aurore ne faisait que se refléter dans ses ailes ouvertes, le miroitement de ces événements chatoyants (les incarnats) serait seulement image. La réflexion dans la vitre pourrait être comprise comme l'image fidèle et *re*-présentative des événements catastrophiques du passé. De cette façon on aurait un discours presque biblique, car éclatant de couleurs la fenêtre serait le signifiant dont le signifié est la valeur de sens de la victime Jean, et dont le référent serait l'événement meurtrier de la décollation représenté par la rougeur de l'aurore. La fenêtre serait le tombeau de Jean mort. Elle serait donc très justement identifiée à un vitrail, vitre d'église qui, comme la Sainte Bible, raconte une histoire pour l'édification des fidèles. Ici la fidélité viserait naturellement l'adhérence à l'idéal d'une beauté virginale.

Mais il existe une ambiguïté qui détruit cette lecture rassurante d'un chapitre de la Bible. Car étant vitrail, la vitre n'est premièrement rien d'autre qu'une composition de couleurs; c'est cela qui «fait» un vitrail; cette composition représente parfois, bien sûr, une scène biblique; mais, étant donné que la première image de l'*Ouverture ancienne* dédiée au meurtre et résumée dans le vitrail, est surtout une évocation de couleurs (or, cramoisi, pourpre, incarnat) ou renvoie à des jeux de couleurs reflétées (le bassin mire les alarmes, l'aurore au plumage héraldique, un bel oiseau, l'automne éteint son brandon, le diamant pur, l'étoile, le bûcher brûlant), la réflexion de la scène multicolore se plaque sur les couleurs du vitrail, et on ne saurait plus débrouiller le signifié du signifiant[11]. En fin de compte, ils deviennent interchangeables. Du moins la réalité absente et représentée par les couleurs sera indifférenciée et mêlée avec la matérialité colorée de la fenêtre. Ce qui fait que le renvoi à un référent ultime se trouve ébranlé et que celui-ci doit tomber dans un certain oubli. Resterait donc un signe qui veut se séparer de l'événement référentiel.

C'est sur cette base que se soutiennent la plupart des commentaires critiques concernant *Hérodiade*, surtout ceux qui comparent la stérilité du pur état virginal avec l'idéalité négatrice de l'expression

---

11 Il est intéressant de noter que dans les vers concernant la princesse („Lourde tombe qu'a fuie un bel oiseau, caprice / Solitaire d'aurore au vain plumage noir ... / Ah! des pays déchus et tristes le manoir!"), les couleurs pâlissent, au contraire, en faveur d'un triste paysage de noirceur et de sombre déchéance.

poétique telle que Mallarmé est censé l'incarner. Mais nous croyons trouver dans *Hérodiade* ainsi que dans la correspondance mallarméenne de cette époque, plus qu'un retour à l'origine de l'activité poétique, ce qui, du reste, a certainement sa place dans l'oeuvre mallarméenne comme un moment important. Mais une pareille analyse ferait d'*Hérodiade* une lecture ponctuelle et comme séparée de l'univers mallarméen. Pour que ce texte puisse vraiment être intégré à cette constellation, il faut commencer à s'interroger sur l'origine du pouvoir symbolique qui soutient toute activité poétique, et qui, usant du passage par la négativité, en suscite une création symbolique. Ceci intégrerait mieux *Hérodiade* dans la pensée mallarméenne qui récuse tout arrangement de «pièces» poétiques.

Qu'est-ce qui engendre le (ce) sens? Pour y répondre il faut retourner au vitrail:

„Et sur les incarnats, grand ouvert, ce vitrail." Au lieu de regarder le miroitement de l'aurore dans la vitre, point de départ des réflexions précédentes, nous admettons maintenant que le spectacle matinal se donne dans sa plénitude à travers le vide de la fenêtre *grand ouverte*. Nous croyons utile de souligner le fait que le vitrail est ouvert: c'est, en effet, la seule fois qu'il en est ainsi dans la série des „fenêtres" mallarméennes[12]. Dans *Ouverture ancienne* le spectacle matinal qui n'est que l'abstraction, dans un texte, du sacrifice de Jean, remplace le vitrail et le jeu des couleurs qui font l'essence du vitrail. Ici, le texte est inscrit sur une fenêtre absente, sur le vide qui s'ouvre quand le vitrail est grand ouvert. Les images sont donc suspendues dans le vide; on les lit dans le cadre de leur propre simulation. L'image représentée dans le «vitrail» devient simulacre du référent. Le spectacle du matin et du lever du soleil sur la tour du vieux château, tout ce monde extérieur auquel le lecteur a d'abord prêté une valeur «réelle», est devenu une image, un vitrail auquel manque la vitre. La représentation est coupée de tout référent y compris même du matériau qui la soutient. Le représenté *re*-présente une représentation parce que le seul vers „Et sur les incarnats, grand ouvert, ce vitrail", glisse une „vitre textuelle" entre la réalité comme

---

12 A la seule exception, peut-être, du poème *Une dentelle s'abolit*, où la dentelle imite une présence-absence de vitre.

référent et l'image d'une absence de vitrail comme *re*-présentation d'un événement évanoui.

Une analyse hâtive réduirait tout le spectacle au jeu des couleurs éclatantes de la vitre déniée. Une telle analyse s'aveuglerait sur le même leurre que celui repéré par J. Derrida dans *Mimique*:

> „On pourrait en effet reconduire Mallarmé à la métaphysique la plus «originaire» de la vérité si en effet toute mimique avait disparu, si elle s'était effacée dans la production scripturale de la vérité."[13]

Pour transposer ce passage dans les termes de notre problématique, il suffit de substituer le reflet dans la vitre à „toute mimique". A partir du vitrail grand ouvert, cependant, ce n'est plus la vitre qui représente la scène matinale; au contraire, c'est celle-ci qui simule un vitrail, c'est-à-dire renvoie à la notion de vitrail comme arrangement artistique et artificieux de couleurs. La mise en scène de la simulation — le vitrail aux couleurs vives — est rendue par le spectacle «encadré» des incarnats.

Or, il faut répéter que la description poétique jusqu'au vitrail (tout le premier paragraphe) est la fiction d'une absence, d'un vide meurtrier. Si le vitrail représente la scène de la mort et en ré-évoque ainsi une présence idéale et sublimée dans un discours, et *s'il est absent*, l'image de la mort représente alors le vitrail en son absence. Il s'ensuit que la scène imaginaire de la mort ne re-présente plus un événement dissimulé (la décollation) ou une présence évanouie (Jean comme victime sacrifiée), mais se montre comme „contenu halluciné premier, originairement hors de toute «référence»"[14]. C'est la simulation d'une abstraction textuelle de la mort. L'image de la mort simule la simulation de son propre texte sur un vitrail imaginaire.

Nous nous trouvons alors face à un simulacre qui ressemble à cette mimique dont Derrida écrit qu'elle „n'imite rien ( ), un double qui ne redouble aucun simple, que rien ne prévient, rien qui ne soit en tout cas déjà un double. Aucune référence simple"[15]. Mais si le

---

13 J. Derrida, *La dissémination*: „La double séance" (Seuil, 1972), p. 234.
14 Définition empruntée à une conversation avec G. Bucher au cours des préparations pour l'étude présente.
15 J. Derrida, *La Dissémination*, p. 234.

récit de la mort n'est que simulation, alors toute réalité, référence à quelque vraie mort, est abandonnée, et la simulation devient alors une image qui est un artifice «originaire». Elle devient ce que Derrida appelle dans le passage cité, „ce speculum sans réalité", ce „miroir de miroir", „une différence sans référence, ou plutôt une référence sans référent ( )".

La mort ne se maintient que dans la fiction. L'événement originaire ne peut plus être considéré comme fondateur au sens d'une linéarité historique. C'est plutôt maintenant un événement impensable que le signe ne saurait récupérer, qu'il ne peut représenter que comme déjà représenté. C'est-à-dire que le texte (le poème) (se) réfléchit sur l'absence d'un signe (le vitrail), à son tour image du récit tout entier. La réappropriation référentielle (l'événement meurtrier) est bloquée et le texte devient absolument opaque. L'extraordinaire de ce processus réside dans le fait qu'il se manifeste par et dans la transparence absolue et irréversible du vitrail absent.

Pour résumer le processus précédemment indiqué et à partir d'une double dénégation – absence de la représentation scénique et absence de vitrail, absence du signifié et du signifiant –, les événements autour d'une certaine mort (Jean), d'une fuite (celle d'Hérodiade) et de leur rapport intime, deviennent les traces signifiantes (et non plus le référent) d'un nouveau texte dont le sens – mais peut-on encore parler de sens en l'absence de référent? – est la réflexion et le décèlement du procès de simulation. Dévoilé par un leurre imaginaire, le nouveau texte ne répond qu'à sa propre «logique» et se borne à la présentation de son existence paradoxale: la tentative d'évoquer une instance totalement équivoque, ni présente ni absente, mettant en circulation les termes fixes; une simulation au cours de laquelle les différences entre signifiant et signifié deviennent instables.

Une fois le simulacre «originaire» établi, *Ouverture ancienne* passe à d'autres analogies qui ne font que le répéter. Dans la partie qui commence ainsi: „La chambre singulière en un cadre ( )", le texte se tourne vers l'absence de la vierge, où antérieurement l'allusion rôdait autour de l'absence de Jean-Baptiste et de sa mystérieuse liaison fatale avec la princesse. Encore une fois, le texte ne se contente pas d'un simple simulacre, en s'efforçant de seulement représenter l'absence d'Hérodiade. Il analyse plutôt son propre discours dont la torsion réflexive produit le jeu des simulations. Car la représentation d'une chambre où, à l'encontre du spectacle de l'aurore, toutes les couleurs s'évanouissent (l'orfèvrerie éteinte, le neigeux jadis, l'ancienne teinte, le lustre nacré, une robe blanchie, l'ivoire, l'argent noir, l'éclat alangui), évoque la double négativité d'un lit vide dont la vacuité est à la fois cachée et révélée par un cierge soufflé, et pas simplement cachée comme le dit Richard[16]. Ce cierge fonctionne comme le vitrail ouvert/absent, en ce que la flamme est étouffée. Comme le vitrail, et en tant qu'unique lumière dans la chambre encore obscure, la flamme décèlerait le lit vide, signifiant d'une absence. En l'absence de la flamme, cependant, le texte simule le lit absent dont l'abscondité révèle précisément l'absence de la flamme qui, voici la réflexion, aurait dû représenter le vide du lit. Par la circularité de la simulation, le texte achève non seulement la représentation de l'absence de la princesse, — c'est le niveau du récit —, mais plus important encore, la représentation de l'oubli d'un signifié (Hérodiade) tout en se rendant compte que cette représentation est un simulacre que rien ne précède.

Par le double jeu de l'image qui se prête ostensiblement ,,au déploiement d'une scène représentative idéale", mais qui, d'une manière latente, se dévoile comme une ,,re-présentation première d'aucune présentation initiale"[17], le texte trahit le jeu réflexif qu'il entretient avec lui-même, en un mouvement d'auto-révélation dont la division implicite ne tombe plus sous la loi des oppositions logiques, surtout celle entre la présence et l'absence.

b. *L'oubli et la remémoration.*

Jusqu'ici l'ébranlement logique ne concerne que la catégorie spatiale. Dans la troisième partie d'*Ouverture ancienne* (de ,,Ombre magicienne" à ,,comme l'eau des bassins anciens se résigne"), nous discernons un second aspect de cette secousse fondamentale qui, lui,

---

16 *L'univers imaginaire de Mallarmé*, p. 70.
17 Définitions tirées du texte ,,Le mythe chrétien comme mythe absolu" de G. Bucher.

s'inscrit dans un cadre temporel. Nous avons à faire ici à un jeu anachronique dont le mode rétrospectif permet la remémoration d'un événement oublié, et le mode prospectif la récognition de la valeur sublimée de ce qui a été réapproprié dans la mémoire. Le but de ce jeu est l'établissement d'une présence qui dépend entièrement de l'interférence reproductive et récognitive d'un événement qui, cependant, n'a jamais été.

Cette «nouvelle» présence sera coupée, mais originairement cette fois-ci, de toute réalité référentielle; elle est la création de l'image-sans-présence et du temps ana-chronique. Mais en tant que présence qui se donne comme un texte, en l'occurence *Hérodiade*, elle cache son «origine» ana-chrono-logique et peut ensuite se donner comme présence idéale et sens absolu de l'objet esthétique de ce récit: la Beauté.

Nous suivons donc ce jeu temporel dans la troisième partie qui est un passage particulièrement ardu, riche et complexe, et dont nous n'empruntons pour cela que quelques repères. Ce qui frappe d'abord, c'est une série de termes qui, quoiqu'ils ne soient pas bibliques, renvoient au thème du Précurseur par leurs connotations sacrées et rituelles: ce sont l'ostensoir, l'étoile encensée, le suaire, l'acolyte, l'antienne, les versets. Dans un second temps, ces termes sont comme entourés et entrelacés d'un nouveau thème, celui d'une voix. Bien qu'ils continuent donc, à première vue, le jeu de l'image et du vitrail et se prêtent, eux aussi, à un rendement thématique du vide, c'est néanmoins la voix qui domine le jeu que nous voulons examiner à présent. Si nous faisons, en outre, appel à une autre caractérisation de Saint Jean Baptiste, différente de celle de la victime émissaire mais aussi valable qu'elle, à savoir „la voix qui clame dans le désert"[18], nous reconnaissons aussitôt le réseau allusif qui ouvre et recouvre à la fois le jeu auto-réflexif du texte.

Toutefois, si par le pouvoir analogique la figure toujours déjà disparue de Jean est maintenant transcrite en une voix, celle-ci est également oubliée, elle a disparue dans un passé immémorial et méconnu: „Une voix (...) antique, ainsi qu'une étoile encensée (...) s'élève: (ô quel lointain en ces appels celé!)". Mais la voix veut et

---

18 Mtt., III, 1; Jn, I, 23.

peut aussi être celle de la nourrice, précisément de cette figure qui, par son „incantation" créant tout le texte d'*Ouverture ancienne*, met en scène et contrôle la fabulation de l'acte de la disparition:

> „Une voix, du passé longue évocation, Est-ce la mienne prête à l'incantation?" (O.C., p. 42)

Prêtant sa voix au texte et devenant voix textuelle, la nourrice ne sait plus distinguer sa voix de celle dont elle feint la présence-l'absence. A l'encontre de la phrase absurde dans *Le Démon de l'Analogie*, que le sujet s'efforce de tenir à distance, la nourrice (ou mieux le texte lui-même) s'identifie avec cette voix du passé dont nous «savons» qu'elle est morte. Au texte s'ouvre donc la possibilité de sa propre mort, de son silence: la „voix languissant, nulle, sans acolyte".

Par le truchement de la voix de la vieille nourrice, qui le doue ainsi de sa circularité auto-réflexive, le texte peut faire sombrer cette voix dans un oubli absolu qui s'exprime par la méconnaissance du message autrefois énoncé, „encore dans les plis jaunes de la pensée traînant". En revanche, il peut aussi la tirer de l'oubli et en faire une voix rituelle qui chanterait (incantation!) l'événement du meurtre: „Elle, encore, l'antienne aux versets demandeurs, / à l'heure d'agonie et de luttes funèbres".

Dans la figure de la nourrice qui n'apparaît dans *Ouverture ancienne* que comme la voix incantatoire, confluent l'oubli d'un passé et la possibilité d'une remémoration qui est forcément aussi une intériorisation de l'événement. Il s'ensuit que la mort de Jean acquiert ainsi un sens idéal et métaphorisé que la nourrice-texte exhibe ou cache selon son gré. Mais le sens du texte consiste aussi en sa capacité de rappeler l'événement ou d'en congédier la mémoire. Cette auto-réflexion conspiratrice est constitutive d'une fonction significative pour la figure de la nourrice comme voix du texte, qui n'a jamais été reconnue et qui sera révélatrice à l'égard de la dialectique interne de *Scène*. Là, elle assumera le rôle du lecteur qui interprétera le message de cette voix qui est toujours déjà évocation d'un passé imaginaire, d'un rien („voix nulle"), et projection d'un retour de ce passé, analogiquement exprimé au niveau du récit par le soleil: „Le vieil éclat voilé du vermeil insolite, / (...) / Jettera-t-il son or par dernières splendeurs".

Double efficacité auto-réflexive de la voix textuelle de la nourrice: „Du passé longue évocation", la voix est à la fois celle, oubliée, du crieur biblique et sa propre incantation. Elle engendre par sa fonction narrative et selon les modes rétrospectif et prospectif, un récit de Jean dont la présence, même dans sa dénégation, est présupposée et valorisée dans et par la voix de la nourrice. En même temps, elle est réceptrice de la voix, elle l'interprète („évocation"), la transmue en message (incantation), et engendre ainsi le sens idéal de la présence de Jean.

La nouvelle «réalité» de cette présence ne s'effectue que dans *Scène*. L'aspect le plus remarquable d'*Ouverture ancienne*, c'est que la figure biblique et rituelle de Jean est métaphorisée par la torsion narrative en un texte qui se lit lui-même. La nourrice rend ainsi visible le mécanisme d'une duplicité qui resterait autrement cachée. Dans cette figure, nous reconnaissons la nécessité de la forme théâtrale du projet d'*Hérodiade*, puisqu'il faut la mise en scène du rôle d'un personnage tel que la nourrice, pour pouvoir maîtriser le jeu ana-chronique qui engendre le texte «Jean». Au niveau du récit cette maîtrise se manifeste dans l'incantation de la vieille, qui peut faire surgir les signes de la présence ou de l'absence (le lit vide, la voix ancienne etc.), qui peut aussi les faire retomber dans l'oubli du passé:

„Et, force du silence et des noires ténèbres Tout rentre également en l'ancien passé".

Elle commande le mécanisme qui cache et révèle ces secrets — comme un vieux grimoire. C'est, du reste, justement dans *Scène* que la nourrice explique son oubli en se comparant à un vieux livre.

Tous ces rapports ne sont, bien entendu, qu'allusifs dans ce passage, l'un des plus obscurs parce que des plus auto-allusifs. Le texte lui-même trace la figure de sa propre incantation allusive, pas seulement comme une modalité opératoire de son «sens», ce qui figerait la vibration créatrice de l'allusion et la détruirait, mais plutôt se tait — se dit comme allusion en tant qu'allusion:

„Elle a chanté, parfois incohérente, signe lamentable".

Ce vers commence la quatrième partie d'*Ouverture ancienne*, qui décrit principalement les effets de l'ambiguïté fictive, indépendante de tout référent et hors de toute présence, sur la princesse dont cette partie prépare l'entrée dans *Scène*. Coupé de toute référence «cohérente», le signe „incohérent" simule la voix du texte (la nourrice), simule la voix absente du saint („ô quel lointain en ces appels celé!"), simule enfin le lit vide et les parfums évaporés de la princesse.

Telle est cette simulation, que le texte doute de lui-même, se perd dans son allusion de lui-même: „L'avait-il?" dont l'écho est la question d'Hérodiade, „Suis-je belle?". Le texte comme lit vide avait-il jamais contenu un signe, ou est-il simplement le signe sépulcral d'une inutilité, d'une assemblée de pages blanches dont le sens est l'absence du sens („inutile et si claustral"), avait-il jamais reçu „le parfum de cheveux endormis" ou a-t-il simplement rempli ses pages d'un simulacre arômatique de „Fleurs parjures"?

La réponse n'est qu'une visée: le texte est toujours déjà déversé, il est la parole oubliée; pour s'installer il doit produire la voix autoritaire, il doit se remémorer lui-même, il doit devenir lecteur, il doit écrire son texte, il doit — tâche de la quatrième partie de ce chapitre — produire le sens de Jean.

Le vertige et la perdition dans des questions auxquelles le texte ne sait pas encore répondre, c'est cela en quoi le texte lui-même soutient et subvertit le récit d'*Ouverture ancienne*. „La gorge ancienne est tarie", la voix s'absente dans son oubli, elle n'existe que comme non-existante, ou comme un simulacre stérile. Elle se souvient des événements originaires — tout le passage sur le père le souligne —, mais dans sa stérilité aride elle cache-oublie le souvenir. Duplicité du texte qui se voit forcé de se déclarer (de se rappeler les événements fatals) par le premier rayon du soleil qui est reflété dans le vitrage („l'ongle qui parmi le vitrage s'élève"). Le texte doit se déclarer, affirmer les événements passés, révéler et abandonner la duplicité du cacher-déceler, éclaircir l'obscurité. Le soleil matinal illumine le doigt (sans doute celui de la nourrice qui attend à la fenêtre le retour d'Hérodiade de sa promenade nocturne) et le change „en un cierge envieux", c'est-à-dire allumé et dont la faible flamme envie la lumière éclatante du soleil. (Nous voyons cette image renvoyée analogiquement à *Scène* où la nourrice jalouse (cierge-doigt) veut être celui (Jean) qui va posséder Hérodiade; elle est envieuse du soleil-Jean, ce qui ajoute à la dialectique de *Scène*).

Forcé ainsi par le soleil, le cierge allumé dévoile maintenant le lit vide; l'allusion est rompue, le texte doit expliquer et produire son sens. Ce processus textuel est engendré par le soleil maintenant matinal, que nous devons sans doute déjà considérer comme le signe prospectif de Jean qui triomphe dans et par sa mort dans *Cantique de Saint Jean*. „Le temps prophétique" est arrivé, c'est-à-dire le temps du prophète Jean-Baptiste, évoqué, parce que reflété, premièrement par le doigt-cierge allumé. C'est encore la nourrice-texte qui révèle le lit vide, qui se souvient, qui rappelle les événements, tout en se consumant („la cire qui recule") pour que la voix du mort („la rougeur de ce temps prophétique") puisse éclater.

Le texte se consume, c'est-à-dire s'oublie dans sa transparence, non pas pour s'ouvrir à un signifié transcendental mais pour qu'un autre texte puisse se déclarer, celui de la voix:

> „Si triste se débat, que l'on ne sait plus l'heure, La rougeur de ce temps prophétique (...)."

Elle se débat encore, mais suivant l'ambiguïté de l'image et de l'heure elle ignore si elle est le crépuscule d'un soleil disparaissant ou l'aurore d'une lumière éclatante. Mais le débat est inutile et stérile, puisque dans la simultanéité successive du temps anachronique, le soleil naissant est aussi un soleil mourant, celui de la tête surgissant dans *Cantique de Saint Jean*. Donc, même si elle se déclare, elle reste „parfois incohérente" parce qu'elle ne sait plus renvoyer avec certitude à un présent.

Dans *Cantique de Saint Jean*, le „débat" est bien dépassé. Vu de notre perspective, le trajet du soleil y est l'espacement du temps anachronique qui ne cherche plus à se cacher derrière une présence. Le midi y est l'outrepassement du débat, bien au-delà de toute notion de présence, tandis que le midi (= le présent) est l'objet de la recherche échouée dans le dernier passage d'*Ouverture ancienne*.

La fin du poème est souvent comprise comme l'image du vide éternel, de la négativité absolue, de l'absence etc., symbolisée par l'étoile pâlissant dans l'éclatement de la lumière matinale. Ceci reste partiel. Le vertige qui s'ouvre libère plutôt la possibilité poétique du paradoxe d'une incohérence «signifiante» et «originaire», soustraite aux exigences de toute logique. Exilée dans l'indifférence temporelle et spatiale, l'ombre de l'enfant-princesse se replie sur elle-même, ,,comme un cygne cachant en sa plume ses yeux"; elle détourne son regard des phénomènes extérieurs et imaginaires et le dirige vers sa propre réalité intérieure qui est «mise en *Scène*» du regard.

De la disparition totale de toute référence et hors de toute présence, nous retenons donc une certaine intériorisation dont la nourrice demeure le messager et devient le lecteur dans *Scène*. Mais cette double fonction se comprend seulement si l'on se rappelle l'adéquation des rôles de Jean et de la vieille à travers la voix d'*Ouverture ancienne*. La figure dédoublée de Jean/la nourrice est la manifestation allégorique d'une tentative de rapprochement du sacré et du sens. L'*Ouverture ancienne* a servi à la transposition de l'anecdote en une fonctionnalité idéale dont nous devons analyser les effets dans le paragraphe suivant.

IV. Une aberration: SCENE.

Nous postulons maintenant que le Jean d'*Hérodiade*, à la différence de celui de l'Evangile, est la victime d'un sacrifice dont le mécanisme vise, selon Girard, l'engendrement des ,,formes symboliques et humaines de la culture" (*Des Choses cachées...*, p. 103), en l'occurence, la connaissance de la beauté virginale.

Deux choses le destinent à ce rôle: Premièrement il est le voleur d'une vérité; cette association ne peut être niée du fait même que Jean Baptiste reste toujours le personnage oublié et remémoré qui figure dans l'anecdote d'Hérode. Mais au lieu d'une vérité concernant des questions morales, le personnage mallarméen usurpe une vérité qui fait basculer la logique de la représentation, pour autant qu'elle relève de la problématique de la beauté comme Absolu. Dans la partie précédente de ce chapitre, nous avons essayé d'inscrire ce vol et son histoire dans l'*Ouverture ancienne* où un travail textuel et subversif effectue le blocage «originaire» du référent le faisant disparaître ainsi de sa représentation dans le récit. En effet le résultat de ce vol-blocage serait le discernement de la ,,notion pure", tracée dans *Ouverture ancienne* par une absence absolue qui n'est nullement le contraire dialectique de la présence, mais une absence tout autre. Du point de vue d'une problématique de la représentation, le voleur-victime adhérait donc au double critère maléfique-bénéfique (blocage-notion pure). En outre, le décalage mallarméeen — allant des questions morales de l'Evangile vers la question de la Beauté — est visible dans le témoignage du récit d'*Ouverture ancienne* puisqu'il y est dit que le père est loin et qu',,il ne sait pas cela", constatation deux fois répétée, ce qui nous permet d'autant plus de considérer le problème de l'échange de l'objet-valeur — de la vérité — comme n'engageant que Jean et Hérodiade. Il ne s'agit donc que de la question de la Beauté, en congédiant l'échange Jean/la cour d'Hérode, c'est-à-dire en congédiant l'anecdote évangélique propre. Sous cet angle le poème est donc bien ,,absolument indépendant de l'histoire" évangélique[19].

Deuxièmement, par l'anecdote concernant la confrontation Jean/la cour d'Hérode, nous apprenons que l'objet-valeur volé était la pureté sexuelle. Or, comme l'Hérodiade mallarméenne est elle-même cette pureté sous la forme d'une vierge, elle se voit vidée de son essence même, spoliée in extremis. Elle serait en effet l'objet volé par le désir johannique en même temps qu'elle resterait l'être dont la valeur virginale est abolie et neutre. De plus, le concept usuel de la virginité ne s'explique communément que par un échange négatif: l'état sexuel intouché. En surdéterminant Hérodiade comme celle qui possède la pureté sexuelle (l'avoir) et qui est cette même pureté (l'être), le poème se heurte donc à un problème de communication, où l'échange de l'objet-valeur, au lieu de garantir le système de communication, ébranle un de ses pôles.

Tout se passe donc comme si la convergence — rendue visible par la surdétermination de la vierge, — des questions profanes-particulières avec celle de la divinité et de l'absolu, exigerait le sacrifice de Jean, de façon à garantir la virginité, intouchée dans son être et dans son avoir. Mais dans le décalage qui s'insinue dans cette histoire, et qui la rend ,,absolument indépendante", Jean serait en même temps

---

19 Dans la lettre à Lefébure (cf. note 7) où Mallarmé parle du ,,nom divin Hérodiade", il continue:
,,Du reste, je tiens à en faire un être purement rêvé et absolument indépendant de l'histoire...".

dépossédé de son droit à la pureté sexuelle parce que, au moment même du sacrifice, celle-ci retournera à la vierge. Il s'ensuit que la victime se voit dépouillée de son critère bénéfique (Jean comme gardien de la pureté sexuelle). Ce qui est justement indiqué par Mallarmé dans le fragment d'une autre scène, où l'oeil mourant du précurseur touche la vierge d'un regard qui la viole. Ce regard johannique est donc l'indice de la perte de son innocence. Mais le poète n'a ni complété ni publié cette scène dont G. Davies a recueilli les pièces. Son statut fort fragmentaire rend les efforts de reconstitution du «tout» du théâtre d'*Hérodiade* extrêmement problématiques et beaucoup plus que ne l'indiquent les propres hésitations du critique (cf. *Noces*, Introduction). L'exploitation que J.-P. Richard fait de ces fragments soulève des objections du même ordre[20]. Pour ce qui est de notre propre analyse, la compilation de Davies nous a bien aidée jusqu'ici dans notre lecture sacrificielle d'*Hérodiade*; toutefois nous devons nous défendre dès maintenant de la lire comme un texte mallarméen de plein droit.

En résumé, nous pouvons constater que seul le meurtre sacrificiel du précurseur peut garantir la virginité. En des termes girardiens, on pourrait donc postuler, que si le mécanisme du rite sacrificiel permet à la communauté d'accéder à une sphère libérée de la violence réciproque et destructive, la virginité, d'ores et déjà intouchée et intouchable, pourrait s'établir comme l'allégorie et l'expression idéale de la beauté, de la création artistique, de l'inspiration poétique, etc. Nous savons par les lettres et les textes de Mallarmé à quel degré il identifiait la virginité à la beauté. En outre, par le récit de la naissance virginale du Christ, la culture occidentale a élargi le concept virginal bien au-delà de sa signification corporelle et profane, jusqu'à en promouvoir la fusion intime avec l'universel et le divin. Mythe ou article de foi, ce récit a laissé une marque sur la culture occidentale et sur son aménagement de la conceptualisation esthétique aussi bien qu'éthique. Que Mallarmé y soit sensible, reste hors de doute si l'on se rappelle *Catholicisme* (O.C., p. 390) ou *De même* (O.C., p. 395) dont S. Verdin conclut que „plus libéré qu'adversaire du «vieux vice religieux», il (Mallarmé) cherche à reprendre aux grandeurs et aux

---

20 *L'univers imaginaire de Mallarmé*, p. 96.

mystères du catholicisme le «secret intime, ignoré» de la race"[21].

Or *Scène* s'ouvre sur un mouvement de refus et de recul: refus d'Hérodiade d'entrer en communication avec le monde (la nourrice) et recul du monde même devant le refus. Nous considérons ce mouvement à deux niveaux du texte: en premier lieu, les allusions ambiguës d'*Ouverture ancienne* nous ont permis de rapprocher la figure de la nourrice de celle de Jean par le truchement de la voix: „Une voix du passé longue évocation ( )". De plus, elle y est devenue le texte lui-même. Nous avons donc postulé une certaine surdétermination de la nourrice dont la signification ne se révèle qu'au début de *Scène*. Au lieu d'être simplement la figure allégorique du monde caractérisé, comme dit Davies, par „la banalité de ses préoccupations" (*Noces*, p. 32), elle «représente» Jean, elle écrit la fonction de cet homme *dans Scène*, elle l'impose à son déploiement. Comme Jean, elle usurpe le droit d'appropriation de la virginité: par des gestes signalant le désir de la virginité — le baiser, l'offre de parfums, le toucher — elle violera la vierge qui les lui défend impérieusement:

„Arrête dans ton crime
Qui refroidit mon sang vers sa source..." (O.C., p. 45),

défense qui trahit toute l'horreur, voire la terreur de la vierge de se savoir dépossédée de son essence virginale même („vers sa source"). Oubliée dans *Ouverture ancienne*, la valeur de Jean est ainsi remémorée dans *Scène*. Ceci devient plus clair quand la nourrice admet:

„O mon enfant, et belle affreusement et telle Que...
....
... J'aimerais
Etre à qui le destin réserve vos secrets." (O.C., p. 46)

La nourrice ne joue pas seulement le rôle du précurseur qui serait ainsi réapproprié, mais elle usurpe aussi et surtout son regard désirant (tel qu'il est thématisé dans la scène inachevée), en tant que son

---

21 S. Verdin, *Stéphane Mallarmé, Le presque contradictoire* (Nizet, 1975), p. 80.

souhait d'être cet homme est suscité précisément par la beauté de la princesse qui est l'objet du désir dont il s'agit dans *Hérodiade*. Par conséquent nous considérons la nourrice non simplement dans le rôle de Jean, mais dans le rôle de Jean-victime, car Jean ne devient victime sacrificielle que par son désir de la pureté sexuelle, c'est-à-dire dans le cadre d'*Hérodiade* par son aspiration à la Beauté absolue.

En second lieu et à un niveau latent, en rejetant le désir de la nourrice, le refus d'Hérodiade dévoile d'un seul coup et nettement le désaveu catégorique, par la princesse, de Jean mourant. En tant que victime, celui-ci échoue donc à être reconnu comme le garant de la virginité. Dans le contexte de Girard cet échec pourrait équivaloir à une impuissance à établir le pouvoir symbolique qui sépare l'humain de l'animal et, ce faisant, rend possible la culture. La victime «réussie» chez Girard serait „a transcendental model of differentiation, and the mimetic forces destructive or preventative of symbolicity during the mimetic crisis that triggered the victimage will be rechanneled in differentiated and non-conflictual directions"[22]. Avec *Hérodiade* nous sommes donc loin d'une constitution symbolique telle que Davies la perçoit (*Noces*, p. 15).

La princesse doit rejeter la victime parce que sa mort sacrificielle ouvre instantanément l'oeil de la connaissance[23] qui lui dérobe la virginité[24]. Tout se passe comme si le sacrifice trouvait son sens idéal dans la charge symbolique de ce regard. L'oeil mourant johannique

22 „Interview, René Girard", *Diacritics*, March 1978, p. 37-38.
23 C'est délibérément que nous évitons de définir cette connaissance comme seulement sexuelle parce qu'il devient de plus en plus clair qu'elle fait partie de la convergence des thèmes et de la surdétermination de *Scène*.
24 Nous ne souscrivons pas à un développement naïvement chronologique où le regard johannique ne tombe sur l'héroïne que dans la scène suivante qui reste inachevée. Il est fort évident que *Ouverture ancienne* célèbre déjà les résultats de l'événement bouleversant du meurtre et de son effet sur Hérodiade qui s'enfuit. Notre analyse de ce poème a essayé d'en suivre les traces. Au demeurant, nous ne faisons, croyons-nous, que suivre les mots de Mallarmé: „Peindre non la chose, mais l'effet qu'elle produit" (lettre à Cazalis, octobre 1864), lorsque nous considérons *Ouverture ancienne*, *Scène* et le *Cantique de Saint Jean* comme parties synchroniquement liées, selon la cohérence d'un seul système fonctionnel que l'insertion des fragments n'interromprait pas.

est le signe visible dans l'oeuvre mallarméenne d'un rite sacrificiel. *Le regard est le rite.* Le regard est le garant de la symbolicité qui s'oppose ainsi à la virginité. Mais en tant que regard, cette opposition suscite le désir d'acquérir la virginité, soit — selon la pensée occidentale — la pureté sexuelle (aspect éthique) et la Beauté absolue (aspect esthétique).

Il faut revenir sur nos pas et réfléchir encore une fois sur les données du texte. La scène du regard remémoré reste inachevée; seule la scène du rejet du pouvoir et de la valeur de ce regard est complète et autorisée par le poète lui-même. Par la nourrice, ce texte veut se remémorer le pouvoir du regard johannique par la tentation de gestes quand même défendus. Le regard, *condition de la possibilité du symbolique dans et par le rite sacrificiel*, est donc avorté. Le texte est frustré dans son effort d'établir la connaissance. Ceci devient explicite quand la nourrice s'exclame:

„Pardon! l'âge effaçait, reine, votre défense
De mon esprit pâli comme un vieux livre ou noir...".

Le vieux livre contenait les lois du tabou, mais les gestes offerts dans *Scène* seraient comme un nouveau texte qui se surimposerait à l'ancien, se le remémorant en même temps que voulant sublimer son contenu. Cette superposition est avortée.

Au fur et à mesure que la nourrice s'impose comme figure du texte, se voit circonscrit le rôle du lecteur qui s'avère seul capable d'en déchiffrer le secret et de produire son sens. La nourrice a bien lu l'ancien texte. Elle y investit un sens en revalorisant la victime Jean. Mais telle est la surcharge de *Scène*, qu'à l'instant même où la vieille assume le rôle de Jean en souhaitant s'identifier à son désir, au même instant elle doit abandonner le rôle de lecteur, elle doit obéir au tabou promulgué par la virginité parce que la revalorisation de Jean dans le personnage de la nourrice menace l'objet du désir jusqu'à le faire disparaître. Pour que le message de Jean soit perpétué, il faut donc qu'il soit transféré de la nourrice à une autre figure capable d'en garantir la sauvegarde. Cet autre est tout homme désirant la beauté et dont les yeux tombent sur le nouveau texte, spécifiquement c'est le lecteur d'*Hérodiade*. *Scène* devrait être ce nouveau texte. Mais elle est la mise en scène d'un refus catégorique. Le lecteur ne peut et ne doit donc pas la lire. Cette impossibilité devient d'autant plus absolue que le refus est absolument essentiel à la virginité.

Le lecteur ne peut manquer de s'identifier à Jean à partir de la revalorisation de la fonction johannique comme victime transcendentale d'un sacrifice. Mais le texte révèle aussi que ce sacrifice qui projette une conceptualisation esthétique, ne peut pas être dit, c'est-à-dire que le lecteur ne peut pas lire *Scène* sans en même temps la détruire, sans en même temps faire disparaître son vrai sens, sans en même temps manipuler l'économie textuelle eu égard à son propre désir. Nous sommes donc face à une double exclusion dérivant de la surcharge de *Scène*.

Mais comme le poème s'efforce de fonder la pureté absolue dont le monologue de la princesse (O.C., p. 47-48) est le signe visible au niveau du récit, le mécanisme du rituel engendrant toute culture et cristallisé ici dans la virginité comme allégorie de la «notion pure» doit rester méconnu, doit être soustrait à toute lecture, à tout «dire», parce que le premier qui ait le droit de lire, de «connaître» et de regarder, est précisément Jean au moment de sa mort rituelle, à l'oeil mourant. Et ce regard rituel violenterait la vierge. En tant que premier lecteur de l'ancien texte aussi bien que du nouveau, Jean serait simultanément dans *Scène* et absent d'elle. Il appartient au lecteur de décider ou de sa présence ou de son absence, en d'autres mots ou de lire ou de ne pas lire. Et cette décision constitue déjà une certaine lecture équivalant à la «décision» de Mallarmé de ne pas achever *Hérodiade*.

Dans le récit de *Scène* ce dilemme est figuré par l'auto-contemplation de la princesse. A partir du refus de tout échange avec la nourrice, avec le monde, avec Jean, c'est-à-dire avec le lecteur, elle se retire dans son propre texte, essayant désespérément de couper toute communication, donc toute possibilité de transfert de l'objet-valeur. Car pour la vierge, c'est une question de vie et de mort:

„O femme, un baiser me tûrait
Si la beauté n'était la mort..."   (O.C., p. 44)

Dès le début, ces lignes révèlent deux violences, une première, dialectique, suscitée par le baiser de la connaissance désireuse; la seconde une violence tout autre, hors de tout échange, une violence qui n'a rien à voir avec la connaissance et le désir, et, partant, reste invisible. Cette mort invisible est la Beauté. Ceci rapproche *Hérodiade* de la „double mort" dont M. Blanchot attribue „l'étrange projet" à l'art[25]. Il répète la même pensée ailleurs[26] dans „deux versions de l'imaginaire", où le cadavérique est le seul indice de la mort invisible, de l'image ressemblant „à rien", enfin la seule expression de cette „folie" qui est l'inspiration artistique. Hérodiade que Mallarmé appelle un monstre „dans le fait même terrible, mystérieux" (cf. p. 51), est adéquate au cadavre de Blanchot, qui exprime la même ambiguïté que nous suivons ici. La figure mallarméenne semble anticiper ce que Blanchot précise philosophiquement sur l'imaginaire:

> „Il y a ( ) deux possibilités de l'image, deux versions de l'imaginaire, et cette duplicité vient du double sens initial qu'apporte avec soi la puissance du négatif et ce fait que la mort est tantôt le travail de la vérité dans le monde (ici le désir de connaître), tantôt la perpétuité de ce qui ne supporte ni commencement ni fin (ici la virginité-beauté monstrueuse). ( ) Comme si le choix entre la mort comme possibilité de la compréhension et la mort comme l'horreur de l'impossibilité devait être aussi le choix entre la vérité stérile et la prolixité du non-vrai, comme si à la compréhension était liée la pénurie et la fécondité à l'horreur. De là que l'ambiguïté, quoiqu'elle seule rende le choix possible, reste toujours présente dans le choix même."[27]

Notre drame d'*Hérodiade* est ce choix ambigu entre la mort invisible et indécidable qu'est la Beauté, et „la pénurie" de la violence enfantée par le baiser de la connaissance, dont nous, lecteurs, devons assumer la responsabilité.

Refusant Jean par le truchement de la nourrice rejetée, imposant ainsi un choix qui évoque une crise de la connaissance, Hérodiade s'établit comme le pivot cadavérique d'un «domaine» du non-savoir. Elle devient son signe visible. Elle „aime l'horreur d'être vierge" (O.C., p. 44), la monstrueuse convergence de la Mort et de la Beauté.

---

25 M. Blanchot, *L'espace littéraire* (Gallimard, 1955) pp. 126-131.
26 Ibid., pp. 345-359.
27 Ibid., pp. 355-356.

Nous sommes donc face à une double thématisation de l'opposition beauté/violence mortelle. L'une est dialectique et tombe sous les lois de l'échange; le lecteur-nourrice reconnaît la validité de l'aspiration johannique à la beauté; le baiser scellerait l'acquisition et le droit à cet échange:

„A mes lèvres tes doigts et leurs bagues et (je)
Cesse de marcher dans un âge ignoré..." (O.C., p. 44)

Mais cette appropriation est une perte de l'objet-valeur de la part de la vierge, comme nous l'avons proposé. La juxtaposition de la virginité et de la beauté pure détermine cette perte comme le viol et la mort de la vierge. D'où sa réaction instinctive: „Un baiser me tûrait", c'est-à-dire la connaissance tuerait (maîtriserait) la mort en la changeant en une positivité artistique. Ce serait une solution vraiment hégélienne.

D'autre part, il s'annonce — mais le mot est peut-être impropre — une étrange violence autre et une étrange beauté autre. La non-reconnaissance de la victime de la part d'Hérodiade indique un «lieu» de non-savoir qui est inabordable parce qu'il n'entre pas en communication avec le savoir. Vu de l'„ici cadavérique" (Blanchot) du non-savoir, le savoir n'existe point. La princesse apparaît comme l'ombre du non-savoir; elle est en effet l'allusion à une «violence» universelle et à une mort absolue qui sont tout à fait différentes de la violence originaire de Girard. Celle-ci est contrôlée par le sacrifice substitutif et n'a rien à voir avec cette Mort qui est la beauté virginale se soustrayant à tout désir et se dérobant à la violence sacrée.

Force nous est donc de constater que le premier couple violence-beauté n'est qu'une notion limite dont la beauté est un reflet affaibli de la Beauté absolue. De plus, ce reflet constitue toute possibilité de savoir, et engendre la violence qui provoque la disparition de la Beauté vraiment mystérieuse.

Scène soutient deux discours: l'un suit les gestes du désir de la nourrice et la réaction négative de la princesse; l'autre est le dialogue d'Hérodiade avec elle-même, qui met en scène le jeu entre le savoir poétiquement représenté par la violence et la beauté qui se rencontrent dans le désir, et le non-savoir dont l'indécidable se trace mystérieusement par une virginité et par une mort, toutes les deux incompréhensibles et inhumaines.

La réflexion de la princesse dans le miroir est le signe visible du redoublement du texte sur lui-même, dès que le refus a congédié toute possibilité de communication avec le monde. Ensuite s'installerait le règne du non-savoir, c'est-à-dire la Virginité toute pure et à jamais intouchée. C'est ce que veut exprimer le regard dans le miroir, réflexion virginale qui tourne autour d'elle-même, se penchant sur le ,,trou profond" du non-savoir:

> ,,Mais, horreur! des soirs, dans ta sévère fontaine,
> J'ai de mon rêve épars connu la nudité." (O.C., p. 45)

Mais à l'instant même du regard la vierge se reconnaît dans sa nudité, c'est-à-dire elle touche à la (sa) virginité même. Elle acquiert donc une certaine connaissance. Elle devient son propre objet, désiré par elle-même. Elle tombe donc forcément dans le domaine du savoir parce qu'en se désirant elle imite Jean et son désir, et accepte ainsi sa valeur comme victime sacrificielle; elle devient lecteur elle-même, égale à tout autre lecteur. En se contemplant dans le miroir, elle incarne toujours déjà les deux couples beauté-violence, elle personnifie le savoir (*connaître* la nudité) aussi bien que le non-savoir (connaître *la nudité*, la virginité nette et pure); elle connaît *sa* nudité.

La duplicité des fonctions quand même exclusives l'une de l'autre, comme nous l'avons postulé, ne peut être évitée. Car la Virginité ne se dit pas, son texte ne peut pas être lu et reste caché ,,sous la glace au trou profond". En se contemplant la vierge lit sa propre essence mystérieuse et découvre, ,,horreur!", qu'elle lui échappe dans l'acte même de la lire. Lire ce qui ne se lit pas, c'est rejeter le mystère invisible, en l'occurence la Virginité qui se voile dans le dévoilement même.

Hérodiade comprend aussitôt qu'elle a tout perdu. D'où la question qui est à la fois une des plus simples et des plus profondes du texte mallarméen: ,,Nourrice, suis-je belle?" Comme tout dans *Scène*, la requête est surdéterminée. D'un côté elle trahit la coupure radicale de la Beauté au regard de sa propre nature, la beauté questionnant en effet la beauté. Pour la regagner, la princesse a besoin d'une certaine connaissance qu'elle cherche précisément chez la nourrice — et non point dans le miroir. En demandant un certain savoir à la nourrice dont nous avons constaté la fonction représentative du lecteur désirant, spécifiquement du lecteur Jean, elle reconnaît en effet la valeur de Jean-victime, elle rejette la non-reconnaissance, elle se met elle-même comme objet dans la circulation du sens. De plus, comme sujet-lecteur elle veut produire le sens de sa propre beauté virginale. Afin de se savoir belle, elle doit rejeter le tabou de l'inexprimable qui protège le lieu de la Virginité absolue. Pour sa part la nourrice y répond par une autre tentative de transgression: elle veut toucher la princesse, résultat logique d'un texte qui n'aspire qu'à se comprendre lui-même.

De l'autre côté et excluant radicalement cette première lecture, la question: „Suis-je belle?", met en cause la connaissance transmise par le reflet; la vierge rejette la connaissance acquise, puisqu'elle met en doute sa propre lecture (la réflexion dans le miroir), précisément celle qui est la plus proche de la Virginité toute pure. La question ouvre donc une fois de plus la possibilité de la Virginité absolument intouchée de toute connaissance désireuse.

Au fur et à mesure du déroulement de *Scène*, nous suivons les torsions de la Virginité autour d'elle-même, d'Hérodiade médusée devant son miroir. Mais chaque effort pour faire éclore la Virginité toute pure n'aboutit qu'à la faire reculer, puisque la princesse devient sa propre lecture et sa propre représentation; elle se transcende en un texte qui ne peut que désirer:

„C'est pour moi, pour moi, que je fleuris, déserte!" (O.C., p. 47)

Pour répondre à son désir, elle devient sa propre victime. Elle devient Jean et voleur comme lui, lecteur, voire Mallarmé le génie poétique à la recherche de la création artistique[28]. Et c'est seulement et uni-

---

28 A partir de cette solution trop rapide, Davies peut dire: „*Les Noces d'Hérodiade* représentent, à nos yeux, le mariage du génie sans nom, porté à l'ultime degré de perfection, et de son rêve de beauté idéal" (*Noces*, p. 17).
Au contraire, nous ne pensons pas que le problème d'*Hérodiade* sera si facilement résolu.

quement dans cette torsion sur soi que nous pouvons lire les traces de la Beauté absolue, à condition que cette lecture reste allusive et recouvre toujours en découvrant; à condition donc que notre lecture soit consciente du fait que le récit et l'héroïne de *Scène* sont *toujours déjà des fictions de notre désir* qui encombrent d'ores et déjà la perception du mystère absolu.

L'originalité de Mallarmé serait alors d'avoir reconnu la nécessité de ne pas toucher à ce mystère pour pouvoir figurer, peut-être pour la première fois dans la pensée occidentale-chrétienne, la Virginité d'une tout autre manière vraiment ingénue. Il est tout à fait probable que le statut fragmentaire du théâtre d'*Hérodiade* est l'expression de cette reconnaissance et *Scène* son engendrement. Ce théâtre est unique dans l'oeuvre mallarméenne[29] parce qu'il s'agit du passage d'un rite sacré visant à fonder le principe esthétique, et qui échoue à partir de la non-reconnaissance, par Hérodiade, de Jean dans sa fonction de victime lui étant destinée. Représenté par les deux fonctions mutuellement exclusives du regard de la princesse, le manque de cette reconnaissance produit une crise sacrificielle, c'est-à-dire une crise du principe esthétique, *qui est précisément le seul indice possible de la Virginité comme Beauté absolue*. Mais cela interdit aussi tout autre possibilité de théâtre. C'est uniquement dans une crise ouvrant sur le non-savoir que la Virginité-Beauté peut se sauvegarder intouchée et pure, mais elle ne peut pas s'annoncer. Plus nous lisons *Scène*, plus nous rejetons le non-savoir et plus nous catalysons la valeur de la victime parce que le savoir l'exige, poussé par notre désir de connaître le mystère; mais nous ne le lisons-connaissons jamais. *Nous produisons, cependant, le sens de notre désir.*

A l'encontre de cette production, le non-savoir est emblématisé par un signe vide auquel le lecteur ne réussit pas à donner un sens, et que Mallarmé appelle «virginité» et «mystère» qui échappe à notre discours logique, même s'il est la lecture d'*Hérodiade*.

---

29 Malgré les tentatives d'autres représentations théâtrales (*L'aprés-midi d'un faune*, même *Igitur*), ces oeuvres nous sont ultimement préservées comme poèmes ou contes, et finalement le théâtre apparaît comme une pratique dans *Un Coup de Dés*.

La pensée moderne trace ce signe, ce qui fait sa modernité. Cependant, la spécificité du signe «virginité» tel que Mallarmé le présente dans *Scène*, réside dans le fait que, face à lui, le lecteur est forcé de prendre position: nous ne pensons (lisons, connaissons) jamais la «Virginité» sans en même temps vouloir la posséder parce qu'elle nous promet, à nous prisonniers du logos occidental-chrétien, la perfection. Mallarmé serait le premier à l'admettre. Par un motif intime procédant de son essence même de sujet, le lecteur doit donc remplir le vide du signe, ou, au contraire, il va s'interdire à jamais tout accès à la connaissance de la Beauté et de la valeur de soi-même comme producteur-auteur du sens. Tel est le choix qui seul donne signification à *Hérodiade*.

Ce poème assume donc un rôle charnière dans l'oeuvre poétique de Mallarmé, séparant et liant à la fois ses années dites «baudelairiennes» et son travail ultérieur. Il pourrait bien être le reflet de la crise intellectuelle que Mallarmé parcourut; ou bien il se pourrait que cette crise soit le reflet du choix horrible auquel Mallarmé est confronté dans les „*Déchets d'Hérodiade*". Il se peut aussi que son effacement comme auteur, dont le thème parcourt ses écrits (cf. „*Quant au Livre*"), soit le résultat de son choix de ne pas «lire» *Hérodiade* et de la laisser à l'état de „déchets". C'est là sa reconnaissance douloureuse de la liaison intime entre l'auteur-producteur du sens et la violation du mystère.

Le «connaître» sexuel s'élargit donc en un «connaître» en général, et le rejet de la non-reconnaissance de Jean en un rejet du non-savoir. La valorisation de la victime du sacrifice qui devrait se dérouler derrière la scène pour ainsi dire, ne se produit pas dans *Scène*, et cela à cause du désaveu de l'héroïne. Elle n'affleure même pas dans l'auto-réflexion d'Hérodiade, parce que le rôle surdéterminé qui est le sien rend sa lecture ambiguë. Mais selon l'hypothèse girardienne, cette valorisation est essentielle au «connaître», en l'occurence à l'engendrement du sens de la Beauté. Le seul qui en soit capable sera donc le lecteur auquel est transféré le désir johannique par le truchement de la nourrice. Il lit et dit *Scène*, espérant ainsi atteindre son but esthétique qui est d'accéder à une création artistique parfaite. Pour tout lecteur-poète, cette tâche se résoudra en une vocation du sens.

De cette façon sera résolu le problème esthétique *d'Hérodiade* pour la plupart des lecteurs critiques. Parmi eux G. Davies dont la lecture d'*Hérodiade* est unique en ce qu'il essaie de reconstruire les fragments et d'en proposer une structure hypothétique. Nous en avons souligné le bénéfice pour notre propre analyse. Pourtant, en réunissant les fragments et en y cherchant le sens total des *Noces d'Hérodiade*, Davies détruit le «fragmentaire» de cette oeuvre et ce que cela signifie, à savoir un refus possible de la part de l'auteur de lire *Les Noces d'Hérodiade* et de livrer un sens définitif ou même simplement dé-fini. Car nous pouvons maintenant soupçonner que Mallarmé reconnaissait l'impossibilité d'achever *Hérodiade* sous la forme théâtrale de *Noces...*, parce qu'il y eût perdu la vierge en y gagnant un savoir. La préoccupation qu'il eut d'*Hérodiade* jusqu'à la fin de sa vie et l'impuissance à parvenir à une solution satisfaisante, sont symptomatiques de l'éveil d'un soupçon de plus en plus affirmé selon lequel le lecteur comme producteur du sens — et partant aussi l'auteur — violente l'objet de la recherche, l'acte de lecture étant perçu comme un viol. Le statut fragmentaire d'*Hérodiade* est le résultat du refus mallarméen de participer à cette violence inhérente au logos qui reste attaché cependant à toute approche de la Beauté. La fatalité de ne pas pouvoir fuir la connaissance s'exprime dans les lignes finales de *Scène* où Hérodiade semble s'abandonner à son destin d'objet de désir.

Mallarmé ne cesse jamais de s'occuper de ce dilemme. Tous ses écrits qui touchent à la question de la Beauté ou du «Livre» comme „explication orphique de la terre", se réduisent plus ou moins à une double perspective: 1. La lecture doit être une production du sens, la connaissance doit être simultanément l'action qui engendre la connaissance; c'est une „pratique":

„Lire —
Cette pratique —
Appuyer, selon la page, au blanc, qui l'inaugure son ingénuité, à soi, oublieuse même du titre qui parlerait trop haut: et quand s'aligna, dans une brisure, la moindre, disséminée, le hasard vaincu mot par mot (...)" (O.C., p. 386-387)

2. Par la violence inhérente au logos, la connaissance rejette le non-

savoir. Ce rejet fait partie intégrale de la pratique, et est le seul indice qui nous permette de «prononcer» le non-savoir, la Virginité, le mystère. Indice, tout au plus, qui voile en dévoilant le trou profond du non-savoir:

> „(...) indéfectiblement le blanc revient, tout à l'heure gratuit, certain maintenant, pour conclure que rien au-delà et authentiquer le silence −" (O.C., p. 387)

Mallarmé n'a jamais plus réalisé la Virginité comme thème; elle est toujours là, allusivement, pour „authentiquer le silence", elle circule dans ses oeuvres comme un manque qui le hante. C'est elle qui manque à *Hérodiade*, manque, cependant, marqué par le rejet de (par) la connaissance, marqué par l'écriture-lecture de *Scène*.

L'unique de la théâtralité d'*Hérodiade* réside précisément dans le fait que la virginité comme thème est, elle aussi, unique dans l'oeuvre mallarméenne. En tant que telle, elle marque son propre manque, elle est la plus proche du mystère de la Beauté absolue et en est la plus éloignée. Le sacré y est le pivot décisif qui doit être ou reconnu ou désavoué par la lecture. La Virginité y suscite des signes qui fascinent et dévoient le désir du sujet-lecteur. Au moment où celui-ci la lit, la regarde et la récupère dans une connaissance, elle disparaît.

Le lecteur se trouve donc face à un choix fatal qui est inhérent à la pratique: soit reconnaître la valeur de la victime, ce qui entraîne une lecture possessive-destructive de la virginité et productrice de son sens; soit sacrifier tout désir, celui de l'auteur autant que du lecteur, pour que soit „l'oeuvre pure", la Virginité intouchée:

> „L'oeuvre pure implique la disparition élocutoire du poète, qui cède l'initiative aux mots, par le heurt de leur inégalité mobilisés; ils s'allument de reflets réciproques comme une virtuelle trainée de feux sur des pierreries, remplaçant la respiration perceptible en l'ancien souffle lyrique ou la direction personnelle enthousiaste de la phrase." (O.C., p. 366)

Les „reflets réciproques" sont déjà là dans le reflet miroitant d'Hérodiade. Ainsi, le lecteur oscille entre la violation du mystère et la destruction de sa propre lecture. L'homme se trouve ici devant le choix existentiel entre le savoir et le non-savoir.

Nous postulons que Mallarmé est toujours — *dès Hérodiade* — à la recherche d'une pratique et d'un lieu scénique allusif qui permettraient à la Virginité-Beauté absolue d'«apparaître» sans qu'elle soit détruite par cet acte. Le chapitre suivant s'efforcera de montrer comment certains *Poèmes en prose* sont aussi des scènes théâtrales cachant et dévoilant le mystère à l'aide d'un moment irruptif qui suspend le spectacle en un unique surgissement que Mallarmé appelle ailleurs „gala intime" (O.C., p. 295). Ce moment permettra au poète d'entrevoir le mystère, mais s'arrêtera avant que la foule — lui-même inclus — ne puisse le changer en un discours, un théâtre de paroles, et ainsi le violer. On verra se révéler un certain enchevêtrement du savoir et du non-savoir, beaucoup plus modeste que ne l'a tenté le projet d'*Hérodiade*. De ce point de vue, *Hérodiade* est une aberration du but mallarméen, qui cherchait trop hâtivement la „notion pure" et la perdait; qui la regagnait, cependant, paradoxalement en abandonnant la recherche et en la délaissant comme „déchets".

Cet aspect d'*Hérodiade* jusqu'à présent occulté ressemble beaucoup à la découverte bouleversante que Kant aurait faite en développant sa *Critique de la raison pure*, à savoir celle de l'a priori de l'imagination transcendentale (transzendentale Einbildungskraft). Heidegger en résume les conséquences qui expriment aussi le résultat de notre analyse:

> „Der Ansatz in der Vernunft ist so gesprengt worden. Damit hat Kant sich selbst durch seinen Radikalismus vor eine Position gebracht, vor der er zurückschrecken musste.
> Sie besagt: Zerstörung der bisherigen Grundlagen der abendländischen Metaphysik (Geist, Logos, Vernunft). Sie verlangt eine radikale erneute Enthüllung des Grundes der Möglichkeit der Metaphysik als Naturanlage des Menschen, d.h. eine auf die Möglichkeit der Metaphysik als solche gerichtete Metaphysik des Daseins, die die Frage nach dem Wesen des Menschen stellen muss in einer Weise, die *vor* aller philosophischen Anthropologie und Kulturphilosophie liegt."[30]

Le recul de Kant devant cet abîme donne lieu, selon Heidegger, à la deuxième édition de la *Critique de la raison pure*, qui sera, en effet,

---

30 M. Heidegger, *Kant und das Problem der Metaphysik* (Vittorio Klostermann, Frankfurt, 1973), p. 245.

une retraite sur le terrain ferme de la raison pure[31]. Mallarmé, lui aussi, recule devant sa découverte effrayante; les „déchets" d'*Hérodiade* en rendent témoignage. Sans vouloir trop pousser la comparaison, on pourrait regarder *L'après-midi d'un faune* comme une sorte de deuxième édition d'*Hérodiade*, comme une célébration joyeuse du désir qui rejette le non-savoir évoqué par une grappe vide qu'il remplit d'une connaissance par le seul souffle de la création artistique :

„Rieur, j'élève au ciel d'été la grappe vide
Et, soufflant dans ses peaux lumineuses, avide
D'ivresse, jusqu'au soir je regarde au travers." (O.C., p. 51)

Devant la terreur que suscite la scrutation de l'abîme qui s'ouvre dans *Hérodiade*, le désir se retire sur le terrain rassurant d'une connaissance qui croit pouvoir atteindre la beauté toute pure.

En revanche, le „suicide philosophique" d'*Igitur* est la tentative inverse de détourner le regard du „trou profond". A l'encontre du désir triomphal de *L'après-midi d'un faune*, *Igitur* serait l'effort de „souffler la bougie" de la connaissance sans que ne reste même ce dernier acte conscient du souffle. On parle communément de l'échec d'*Igitur* et de la beauté éblouissante de *L'après-midi d'un faune*. Ce sont deux positions qui, séparées l'une de l'autre, abandonnent la lecture comme pratique, qui s'éloignent du but esthétique explicite de Mallarmé.

De l'abîme d'*Hérodiade* et de ses „déchets", le poète nous montre le chemin vers son but. Nous devons reconnaître *Igitur* et *L'après-midi d'un faune* comme des réalisations partielles, comme deux lectures antithétiques qui se rencontrent dans la pratique. Nous proposons plutôt de retrouver le regard de voyeur que Mallarmé jette, horrifié, sur le miroir d'Hérodiade, dans certains *Poèmes en prose* qui, par là, anticipent *Un Coup de Dés*, sujet du dernier chapitre de cette étude.

Ainsi se trace un arc d'*Hérodiade* à *Un Coup de Dés*. Même si *Scène* est une aberration, elle nous permet, grâce à ses erreurs, de

---

31 M. Heidegger, *Kant und das Problem der Metaphysik*, pp. 208-209.

suivre le dessein qui permet d'aborder l'énigme d'*Un Coup de Dés* sans tomber dans le piège qui consisterait à devenir nous-mêmes voyeurs là où Mallarmé a déjà retiré son regard blasphémateur. Ce qui est, en fin de compte, mis en cause, est une explication logique de «l'obscurité» mallarméenne autant que notre propre lecture «savante». La certitude de notre être comme sujet-lecteur et comme producteur du sens sera ainsi ébranlée.

Chapitre III

La production du sens*

LES POEMES EN PROSE

I. UN SPECTACLE INTERROMPU.

a. L'illusion du récit traditionnel.

Tandis qu'*Hérodiade* reste un échec dont le statut fragmentaire même est constitutif de sa signification pour l'oeuvre entière de Mallarmé, les poèmes en prose représentent, au contraire, une collection d'anecdotes dont chacune raconte un événement plus ou moins (auto)-biographique, plus ou moins raisonnable. Exception faite de la divergence temporelle entre les premiers et les derniers poèmes et de la différence stylistique qui en résulte, ils présentent pour le lecteur un recueil unifié de contes poétiques qui, par la netteté de leurs contours, proposent de divulguer un message. Même si celui-ci reste souvent obscur, l'illusion d'avoir affaire à des récits traditionnels — après tout le «genre» de poème-en-prose avait acquis une certaine tradition à ce moment-là — explique peut-être pourquoi les commentaires globaux sur ces poèmes ont été si épars. Dans la plupart des cas, ils ne sont que de simples véhicules pour faciliter l'exégèse d'autres poèmes en vers de Mallarmé.

Le plus connu des poèmes en prose, *Le Démon de l'Analogie*, a subi le plus cet abus; ses analogies et ses images sont devenues des outils dans les mains des exégètes; et ceci à un tel degré qu'elles ont perdu leur puissance démoniaque et subversive, et ne servent souvent qu'à consolider les piliers du symbolisme. Mais le plus connu, pour ainsi dire, est paradoxalement le plus obscur de ce recueil, et le moment le plus énigmatique dans ce poème, la pénultième morte, est

---

* Une première version d'une partie de ce chapitre (pp. 83-107) a été publiée dans *Nineteenth-Century French Studies*, Vol. 12 Nos. 1/2, pp. 185-197.

devenu le plus exposé de tous; les contemporains de Mallarmé l'ont déjà usurpé et en ont fait un slogan sensationnel.

En fait, notre analyse du *Démon de l'Analogie* suivie de celle d'*Hérodiade* a essayé de démontrer la proche parenté entre le caractère subversif de celui-là et l'échec de celui-ci. Si nous parlons, à propos du suivant, de moments suspendus qui «soutiennent» le texte des poèmes en prose, nous pouvons déjà constater ici que *Le Démon de l'Analogie* est, lui aussi, le plus proche de l'échec, parce que le moment suspendu y est le moins aménagé, le moins apprivoisé par le récit. Peu s'en fallut, sans doute, qu'il ne soit emporté par l'irruption catastrophique d'un tel moment et ne donne lieu qu'à des ,,déchets'', comme ce fut le destin d'*Hérodiade*. Il est possible que le statut visible ou plutôt lisible du *Démon de l'Analogie* soit symptomatique d'un plus grand effort, de la part du public-lecteur, afin de métaboliser la mort entrevue dans la phrase absurde du *Démon de l'Analogie*: la ,,fameuse Pénultième''[1]. Aucun autre poème ne parvient à un tel succès, précisément parce que l'aménagement de la mort est mieux conduit et ne menace ni le sujet ni le lecteur.

b. *La perspective du theos.*

Il y a, cependant, l'étude de U. Franklin[2] exclusivement dédiée aux poèmes en prose et qui les examine en proposant une exégèse détaillée de chaque poème. Elle les rassemble dans le cadre d'un développement cyclique dont l'auteur retrace la courbe du poète-montreur de *Le Phénomène futur*, isolé de la foule qui est incapable de le comprendre, jusqu'au poète des derniers poèmes qui se rapproche de la communauté des hommes et vit parmi eux comme prêtre et sauveur. La logique de cette étude est puissante.

Sans référence explicite à la thèse de René Girard concernant le mécanisme de la victime émissaire, Franklin y discerne, cependant, certains schèmes conformes à ce mécanisme. Elle établit, en effet, la

---

1   Stéphane Mallarmé, *Oeuvres complètes*, p. 1557: commentaire de Gustave Kahn.
2   U. Franklin, *An Anatomy of Poesis* (University of North Carolina Press), 1976.

mort sacrificielle auto-imposée du poète[3] et son auto-exclusion loin de la foule, (surtout dans *Pauvre Enfant Pâle*), subies dans le but d'engendrer une transformation de ladite foule en une véritable communauté d'hommes (dans *Gloire*), et conclut: „And though the poet's vision is solitary, its revelation is the destiny of Man"[4]. Cette lecture est éminemment théologique, tout à fait girardienne sans le savoir, et se borne, de ce fait, à une perspective du *theos*. Elle découvre le mécanisme du sacré dans la poésie de Mallarmé et démythifie ainsi le message de sa vision poétique en vue d'une culture à venir (*Le Phénomène futur*). Mais ce faisant, elle s'aveugle sur le fait que la crise sacrificielle dont elle analyse la tension et le conflit dans chacun des poèmes, est aussi et surtout une crise du *logos* qui met en cause le sens même de ce langage poétique.

Vue de cette perspective, la lecture de Franklin subit le même aveuglement que celle de Girard, à savoir de poser le discours, dans le cas de Girard, à l'origine de toute religion et de toute culture sans le questionner, et, dans le cas de Franklin, à l'origine de la création poétique où le *logos* engendre la poésie mais n'est jamais analysé lui-même. Le langage (le discours, le *logos*, le spectacle) continue donc de jouer son rôle métaphysique et assure ainsi le système dialectique qui, pour sa part, assure le retour infini de la violence qui est impliquée dans le mécanisme de la victime émissaire.

Là où l'ébranlement du *logos* est le plus visible et le plus proche de la surface, là où la parenté avec *Hérodiade* est la plus frappante, à savoir dans la phrase de la Pénultième, c'est précisément là où l'analyse de Franklin donne le plus grand soutien au *logos*, s'assurant ainsi d'une lecture complète mais limitée de la pensée mallarméenne et se réclamant de la maîtrise de son propre discours exégétique. Dans *Le Démon de l'Analogie*, elle découvre correctement la crise sacrificielle arrivée à un carrefour décisif: „But most notable, in this respect (celui de la tension et du conflit) among the early prose poems was *Le Démon de l'Analogie* with its celebration of the birth-and-death-theme"[5]. Mais en même temps la découverte de la crise

---

3 U. Franklin, *An Anatomy of Poesis*, p. 198.
4 Ibid., p. 202.
5 Ibid., p. 205.

sacrificielle est aussitôt récupérée et transcrite dans l'espace idéal du discours: „And this «Pénultième» is dead; thus from the outset, two *antithetical* forces are at work: a phrase is born, but in a dying fall it *tells* of a death" (nous soulignons)[6]. La transcription du sacrifice en un discours s'achève ici sans que le *logos* lui-même soit mis en question. La lecture de Franklin discerne donc l'intégration du mécanisme sacrificiel dans le langage mais sans que la question de ce langage soit jamais posée: „Henceforth the new-born phrase, no longer merely vaguely felt, but finally articulated by the voice, becomes *logos*, will live its own life, no longer living of the poet's substance but of its own"[7]. Ce processus à l'intérieur du langage dominé par le *logos*, est „the very birth of poetry, the process of creation itself"[8].

c. *La convergence des thèmes.*

Nous avons rompu la linéarité d'une telle lecture en proposant, dans notre premier chapitre, la découverte de l'ébranlement du *logos* justement dans *Le Démon de L'Analogie* qui a servi pour Franklin à une scène de l'articulation du *logos*. En favorisant le renversement de la logique linéaire, nous avons essayé de percevoir le jeu autoréflexif du texte dont le résultat était la défaite de la maîtrise du *logos* et la perplexité du sujet fuyant.

Même si la fuite du sujet représentait encore le refus de reconnaître sa propre cécité, elle indiquait quand même un certain pressentiment que la prison de la circulation du sens à jamais enchaîné au système métaphysique, pourrait être brisée. C'est cette première ouverture qui nous a permis d'aborder ensuite la question d'*Hérodiade* et d'y mettre en cause l'innocence du *logos*. La découverte que la violence fait partie du *logos* en tant que producteur du sens, fait toute l'angoisse des „déchets" d'*Hérodiade*. En revanche, elle

---

6 U. Franklin, *An Anatomy of Poesis*, p. 56.
7 Ibid., p. 59.
8 Ibid., p. 59.

nous aidera à lire les poèmes en prose sous le signe du sujet comme producteur du sens et à y discerner certains moments qui interrompent cette production, brisent la circulation du sens, et donnent ainsi lieu à re-vivre la vision du mystère virginal.

Notre retour aux poèmes en prose imite le recul mallarméen du gouffre d'*Hérodiade*. Mais en même temps, c'est une avancée vers un lieu «extra-scénique» (terme emprunté à *La fausse entrée des sorcières...*, O.C., p. 349) qui suspendrait le sujet et le sens de son désir, afin de laisser entrer le mystère. Le chemin direct vers ce but, à travers la scène théâtrale de la virginité, s'est avéré être tout le contraire d'une ligne directe, en effet une aberration qui menace de faire tout perdre. Le statut fragmentaire du théâtre d'*Hérodiade* constitue le geste ultérieur de Mallarmé visant à enrayer le glissement vers le gouffre.

La valeur des poèmes en prose comme *collection* se trouve dans la convergence ultime des deux perspectives du *theos* et du *logos*. Le temps des premières tentatives *d'Hérodiade* coïncide avec la création des sept premiers poèmes en prose[9] qui offrent, au lieu du chemin droit et fortement risqué, le spectacle d'un vrai détour qui évite l'affrontement direct du mystère monstrueux. Nous essayerons plus tard d'analyser ce détour. Pour le moment, il nous reste à proposer la démarche de notre lecture qui empruntera, pour son exposition, au *degré de contrôle* même qu'exerce chaque poème au cours de son spectacle-récit particulier. Car chacun des récits poétiques dont il s'agit ici, offre une métaphore toute particulière du détour qui aménage le rapprochement vers le mystère de l'origine du sens. Si l'on examine ces conditions de contrôle, on verra qu'elles sont le plus efficaces dans le premier recueil des poèmes, et proportionnellement moins assurées dans les quatre derniers poèmes[10] où le discours semble accepter de plus en plus joyeusement, en son noyau intime, le moment suspendu qui subvertit — c'est là notre thèse — le propre de sa logique.

---

9 ,,Le Phénomène futur", ,,Plainte d'automne", ,,Frisson d'hiver", ,,Le Démon de l'Analogie", ,,Pauvre enfant pâle", ,,La Pipe", ,,Réminiscence".
10 ,,La déclaration foraine", ,,Le Nénuphar blanc", ,,L'Ecclésiastique", ,,Gloire".

Tracer ce moment suspendu d'un côté, et analyser l'effort discursif pour le contrôler de l'autre, donne accès à une investigation sur le statut du langage, du sujet (narrateur, auteur, lecteur, gardien du langage, l'Homme), et du sens. Cette double lecture renvoie déjà à *Un Coup de dés* qu'on pourrait appeler, dans ce contexte, une Interruption telle quelle, où le discours, ou le spectacle si l'on veut, a disparu.

d. *Le moment suspendu I: l'oubli du titre.*

Nous voulons d'abord faire ressortir de l'ensemble des poèmes en prose celle des pièces qui n'appartient à aucun des deux recueils, et dont la date de publication, 1875, la met à une distance temporelle et des premiers et des derniers poèmes. Il s'agit d'*Un Spectacle interrompu*[11] qui semble offrir un message particulier, tout comme *Le Démon de l'Analogie*, au niveau des conditions de contrôle qui seront notre fil conducteur. Lui-même interrompu au niveau du récit, ce poème cristallise en un texte unique le processus sous-jacent de la suspension et de son contrôle, la double crise sacrificielle et logique, le dévoilement et la dénudation des deux perspectives du *theos* et du *logos*.

Le titre „Un Spectacle interrompu" annonce déjà le double drame de l'enchevêtrement du savoir et du non-savoir, à condition que nous posions séparément les questions du spectacle et de «l'interrompu». Car le spectacle dans ce poème porte un acte grossier de ménagerie jusqu'à la scène de „l'universelle entente". Il ne s'agit donc pas seulement du „petit théâtre des PRODIGALITES" mais aussi des tréteaux du drame humain tel quel, interprété par un acteur qui est, à la fois, dompteur d'ours, clown, pantin et „le mime dépositaire de notre orgueil". Cette scène à la fois primitive et sublime, concrète et idéale, est interrompue: il y a un entre-acte impromptu où l'ours, curieux à l'égard de ce que le clown vient de retirer de l'air, plante une patte sur l'épaule de son maître et essaie d'atteindre

---

11 O.C., pp. 276-78. Toutes les citations qui suivent dans ce chapitre et ne sont pas annotées, sont tirées de ces pages.

la main crispée sur le secret. Quant à la foule, l'étreinte qui en résulte lui paraît trop dangereuse et tout à fait non-programmée. On s'attend au pire.

Or l'entre-acte inattendu constitue la scène principale du poème en prose, il devient l'apogée et l'unique événement de la soirée. Il est *le* spectacle, l'interruption se donnant en spectacle. La négation (l'interruption) devient affirmation (spectacle). A première vue, le poème est une assertion fortement hégélienne de notre supériorité humaine l'emportant sur toute interruption. Nous nous efforçons de montrer que c'est ce spectacle, scène de la victoire sur le hasard, qui est interrompu, mais cette fois-ci d'une façon tout à fait ingénue et soustraite à toute connivence cherchant à le transformer en spectacle. C'est-à-dire que l'irruption maîtrisée jusqu'à devenir spectacle-nécessité, que cet «interrompu» est encore interrompu. Ce nouveau moment interruptif doit être considéré comme inviolable; rien ne sait le remplir de sens pour l'élever à un acte censément véritable. C'est un «interrompu» à jamais indéterminé et inconditionné.

Puisqu'on peut parler d'un spectacle et d'un spectacle interrompu, on a donc toujours affaire à des affirmations, mais on ne peut jamais parler d'une interruption en tant que telle sans en faire de nouveau un discours représentable sur la scène du drame humain. Ainsi, le nouvel „interrompu" devient problématique en tant que difficile à représenter sous forme de spectacle ou de discours, parce qu'il interrompt précisément ce même discours et le dénie. Car comment dire le négatif discursif? Ou comment circonscrire le zéro et le marquer sans annuler le manque du zéro? A la rigueur, on ne sait vraiment comment parler d'un spectacle interrompu, parce que l'instant ou les instants qui constituent l'irruption ne sont pas déterminés par la représentation ou par le discours; sinon ils seraient aussi spectacle. A vrai dire, le spectacle crée la simple illusion de deux scènes séparées par un moment interrompu: puisque l'„entre" de la séparation ne se dit pas, ne se présente pas, il n'y a jamais qu'une seule scène, tandis que l'interruption reste indécidable. Nous comprenons ce mot dans le sens que J. Derrida lui donne dans *La double séance*: l'hymen, l'entre, le pli qui se tient entre les deux termes du spectacle, soit-il théâtre, discours ou pensée dialectique, provoquant un déplacement sans jamais être lui-même affecté par l'„entre" ou déterminé par les contraires lieu/non-présent. Mais le déplacement provoqué est crucial pour la lecture du poème parce qu'il nourrit l'auto-réflexion de son texte.

Avant de poursuivre ce non-événement que nous appelons le moment suspendu, la tâche sera: a) d'examiner à quel degré les événements ont ou n'ont pas lieu dans ce poème en prose, et si le moment suspendu en est responsable; b) de déterminer comment la production du sens est affecté par le jeu présumé entre scène et non-scène; c) de poser dans ce contexte la question du sujet-lecteur.

e. La victime émissaire.

Conformément au thème de tous les poèmes en prose, le récit d'*Un Spectacle interrompu* présente un rituel dont l'objet est de faire apparaître le poète comme prêtre-sauveur de l'humanité. En ceci, nous suivons la lecture de Franklin; car tous les éléments de la métamorphose du poète-montreur au poète-prêtre-sauveur y sont donnés. Tandis que le Montreur du *Phénomène futur* est encore le charlatan dont le seul rite est un boniment, le mime de ce poème est une figure beaucoup plus développée. Il est un acteur qui ne se contente plus d'une simple plate-forme mais travaille en collaboration avec une troupe et est entouré de décors: scénario assez compliqué qui présente cet homme en tant qu'homme „dans notre supériorité", comme clown, comme héros, potentiel tragédien, enfin comme „évocateur" et „gardien" des sylphides, figures danseuses que nous devons sans doute nous imaginer sous les „pâleurs évasives de mousseline".

Il nous semble tout de même plus judicieux d'entendre dans l'évocation des sylphides une référence mythologique[12] qui s'insinue alors dans la scène primitive, et de „jouir comme la foule du mythe inclus dans toute banalité". De cette façon, le dompteur de l'ours qui possède, en outre, le pouvoir d'évoquer et de garder les sylphides, devient un personnage déifié. Il acquiert un statut sacré, devient un être surnaturel qui cristallise, personnifie et amplifie la supériorité

---

12 Dans le poème „Surgi de la croupe et du bond" (O.C., p. 74), le sylphe est une créature mythologique.

humaine sur la nature animale en même temps qu'il contrôle les forces mythiques, c'est-à-dire les formes symboliques qui constituent la culture humaine.

Ainsi, en dépit de l'apparence banale d'un dressage, le „héros" du poème prépare un drame qui est tellement raffiné et loin de ses origines primitives, que son aspect sacrificiel est encombré jusqu'à disparaître dans le discours de l'histrion qu'est l'être humain et dont le clown du poème n'est qu'un représentant: on croit assister à „l'illustration sur la scène du privilège authentique de l'Homme". En réalité, on assiste au théâtre d'un oubli public dont la «première scène» est l'applaudissement des spectateurs qui traduit „l'enthousiasme à l'illustration sur la scène". Nous voici face au spectacle rituel qui rassure la foule dans sa supériorité humaine, précisément parce que l'aspect archaïque du rituel a été oublié.

En des termes girardiens le spectacle est le garant de la culture humaine et de sa continuité paisible, bien que le caractère sacrificiel du rite s'efface derrière la modernité de son expression. Néanmoins, nous considérons l'ours comme la victime émissaire à peine reconnaissable sous la guise d'un animal apprivoisé. Seul est reconnaissable et parle l'applaudissement, c'est-à-dire le discours de la foule dans sa supériorité. Sans jamais poser la question de l'origine et de la logique de son langage, il croit répondre plutôt au théâtre sans comprendre le sacrifice dissimulé qui pose tout d'abord la possibilité même de ce théâtre comme une expression symbolique. A. Artaud caractérisera plus tard cette forme du théâtre occidental comme un „théâtre dialogué" auquel les hommes ne peuvent pas renoncer à cause de leur „superstition théâtrale du texte"[13]. Cette superstition exprime l'aveuglement devant le problème du *logos*, tout comme elle est le piège du sujet dans *Le Démon de l'Analogie*. Ici dans le „théâtre dialogué" de l'applaudissement, les hommes se contentent „de demeurer de simples organes d'enregistrement" (Artaud, *Le Théâtre et son double*, p. 18) qui ne servent en fin de compte qu'à une simple circulation du sens, ce que Mallarmé appelle „la parole brute", „les mots de la tribu" et „le langage de la banalité" opposé au „langage essentiel".

13 A. Artaud, „*Le théâtre et son double*" in *Oeuvres complètes*, tome IV (Gallimard, 1964), p. 148.

Ce que nous reconnaissons comme une convergence de thèmes négatifs, le théâtre dialogué chez Artaud et le discours de banalité chez Mallarmé, se transforme, au niveau positif de la culture, en un processus fondateur du mécanisme victimaire tel que R. Girard le propose dans la perspective de l'hominisation. Il précise ce processus à partir de la rivalité mimétique dans toute société animale :

> „C'est au moment où les conflits mimétiques deviennent assez intenses pour empêcher les solutions directes qui aboutissent aux formes animales de la société que doit se déclencher dans une **première** «crise» ou série de crises, le mécanisme qui engendre les formes «différées» symboliques et humaines de la culture". *(Des choses cachées*, p. 103)

Si nous cherchons donc ce mécanisme dans le spectacle du poème, nous devons y discerner aussi une force mimétique. Curieusement, cette rivalité n'est pas le fait des hommes, mais de l'ours qui désire non seulement l'objet dans la main crispée du pantin, mais aussi et surtout imiter l'homme qui conçoit l'objet, et acquérir sa „facilité dont est par chacun prise une idée". Ainsi le spectacle dans le poème auquel assiste le sujet-auteur, nous semble-t-il la parfaite mise en scène du processus d'hominisation où l'ours est l'élément originairement différé qui devient la victime du rite sacrificiel :

> „La rivalité mimétique inexpiable signifie essentiellement (...) la disparition de tout enjeu objectal, et le passage de la **mimésis d'appropriation** qui dresse les membres de la communauté les uns contre les autres à la **mimésis de l'antagoniste** qui finit par les rassembler contre une victime et les réconcilier. Au-delà d'un certain seuil de puissance mimétique, les sociétés animales deviennent impossibles. Ce seuil correspond donc au seuil d'apparition du mécanisme victimaire ; c'est le seuil de l'hominisation".
> (Des choses cachées, p. 104-105)

Le désir dédoublé de l'ours signifie le passage crucial de la **mimésis d'appropriation** à la **mimésis de l'antagoniste**.

L'applaudissement dans le poème représente précisément le „seuil d'hominisation" qui change les spectateurs ressemblant encore à la morbide foule du *Phénomène futur* en des hommes qui apprécient leur supériorité et en approuvent l'illustration. A leur insu l'ours est la victime émissaire dont la fonction substitutive garantit le passage du seuil; l'illustration est fondée sur le rôle de l'ours qui doit être sacrifié (rester dans sa nature brute) pour maintenir „le privilège authentique" de la culture. Or le spectacle n'est pas possible sans ce rôle servile de l'animal. Mais le processus d'hominisation n'est pas ce qui fait l'histoire du poème en prose. Il forme, au contraire, la donnée principale de l'illustration narrative. De prime abord donc, le récit réside dans le domaine du *logos*. La figure du clown se veut le signe visible de ce domaine revendiqué depuis longtemps et dont le développement à travers des rites sacrés s'est figé dans l'achèvement d'un oubli actif, c'est-à-dire dans la culture civilisatrice.

En effet, allié de la foule et son représentant, le clown se met sur la scène avec l'animal. Il joue avec lui et fait de la victime émissaire, de cet élément sacré, un simple jouet. Ce geste est celui de la civilisation moderne et non-rituelle, celui du produit final de l'hominisation. Geste gros de conséquences, parce que, raillé par la simulation d'un acte de „l'ingénieux", l'ours s'exhibe lui-même comme humain: „l'homme inférieur, trapu, bon, debout sur l'écartement de deux jambes de poil" qui „étreind, pour y apprendre les pratiques du génie, et son crâne au noir museau ne l'atteignant qu'à la moitié, le buste de son frère brillant et surnaturel". Le jeu génial joué par notre supériorité, ce travail orgueilleux du *logos*, s'achève dans son propre contrecoup: l'animal devient le rival de l'homme, se croit son frère et s'identifie avec la foule en se croyant capable de comprendre, comme son „aîné subtil", la „vertu de cette atmosphère de splendeur", ce qui est le discours logique au faîte de sa gloire. Il efface donc la différence si cruciale entre la victime sacrificielle et la société sacrificatrice. Dans cette crise sacrificielle menaçant tout l'enjeu de la foule, celle-ci tombe dans une profonde méconnaissance qui rejette l'ours comme la victime et veut y substituer son „héros": „Personne qui ne haletât, tant cette situation portait de conséquences graves pour l'honneur de la race: qu'allait-il arriver?" Le héros a trop présumé de ses forces mimiques. „Brillant et surnaturel", il court le risque d'être différencié de ses frères humains, de devenir à son tour l'être sacré destiné comme victime à réengager le rite fondateur.

f. La crise des différences.

En résumant, nous constatons que le spectacle de la connaissance est interrompu. L'arrêt tout net de l'applaudissement témoigne de la confusion qu'évoque le désir mimétique d'un être jusqu'à ce moment-là censé être différent. L'homme et l'animal devenus frères sur la rampe, la race tombe dans une crise de différences. La perte de la plus importante différence — celle qui rassemble tous les membres d'une société contre un seul qui serait dorénavant le bouc émissaire — entraîne la perte d'un certain savoir, dans le cas de ce récit, la compréhension de ce qui se passe sur la scène. En effet, le trait le plus fascinant du poème est précisément l'emphase avec laquelle Mallarmé souligne la différence entre l'animal brut et les hommes pour qui il doit jouer son rôle. C'est cette différence qui caractérise le ,,modeste théâtre" d'un dressage animal comme un spectacle de la différenciation. Le spectacle *interrompu* n'est donc rien d'autre qu'une scène représentative de *l'indifférenciation*. Celle-ci menace les possibilités des formes symboliques de toute culture, en l'occurence la connaissance des spectateurs.

La crise des différences brise le spectacle soutenu par la différence hommes-animal, introduit un hiatus — une période d'indifférenciation —, et finit par interrompre la circulation du sens. Elle «exprime» une crise culturelle et sert ,,de type", comme dit Mallarmé en introduisant son ,,Anecdote".

g. Le moment suspendu II: l'«entre».

La brisure s'enregistre de la manière suivante: ,,L'accident le plus neuf! suscita mon attention: une des nombreuses salves d'applaudissements décernés selon l'enthousiasme à l'illustration sur la scène du privilège authentique de l'Homme, venait, brisée par quoi? de cesser net, avec un fixe fracas de gloire à l'apogée, inhabile à se répandre". Arrêté net dans sa circulation, le sens se retire du discours humain, précisément au moment où celui-ci atteint sa vérité pleine et absolue dans ,,la gloire à l'apogée". Ce que nous lisons ici ressemble fortement au passage dans la *Préface* à *La Phénoménologie de l'Esprit* où

Hegel dit: „L'Esprit n'obtient sa vérité qu'en se trouvant soi-même dans le déchirement absolu". Mais le poème invertit le problème: le discours (le sens) se retire, se renferme sur lui-même dans un déchirement absolu (qui détruit sa circulation), à l'instant même où il atteint sa vérité pleine (où sa circulation est la plus répandue). Anticipant les analyses de G. Bataille et de J. Derrida[14], cette inversion crée un décalage subtil mais important dans les implications de la proposition hégélienne.

Une lecture attentive de la phrase citée (du poème) révèle le tracement discret d'un néant qui s'entrouvre, d'un moment où tout reste suspendu dans une tension ineffable. Car il ne s'agit pas d'une simple négation du discours absolu de l'Homme; Mallarmé y vise plutôt toute la problématique du *logos*. Il ne s'agit pas d'une *Aufhebung* hégélienne donnant lieu à une contra-diction, ce qui produirait encore un discours. Il s'agit plutôt d'une tentative pour faire apparaître le trou noir du néant par la simulation de dimensions: „un fixe fracas de gloire à l'apogée, inhabile à se répandre". On se heurte à l'imagerie de cette proposition qu'on ne peut vraiment comprendre que poétiquement. La linéarité temporelle du mouvement du sens interrompue par un „accident", le discours, mesuré par l'applaudissement sensé, dégénère en un bruit (le fracas), parce qu'il ne sait plus qu'enregistrer, et s'évanouit dans un espace où il assume lui-même des dimensions spatiales fixes. „Inhabile à se répandre", cet «espace logique» est tributaire d'un lieu que nous ignorons, puisque la parole logique ne peut plus en sortir. Seul un bruit s'en échappe.

Nous suivons les traces de ce trou noir comme le zéro trace le rien sans jamais le déterminer. L'image du „fixe fracas" emprisonné „aux hauteurs de la salle" marque un silence sans jamais arriver à l'„authentiquer" (O.C., p. 387). Entre la fixité du fracas et son inhabilité à se répandre, c'est-à-dire entre le bruit incessant et son impuissance à se donner comme bruit, nous devinons — par delà la tension insupportable de cet «entre» — l'allusion à un silence monstrueux qui suspend toute parole, l'allusion d'un «lieu» de non-sens

---

14 Cf. G. Bataille, „Hegel, la mort et le sacrifice", *Deucalion* nr. 5; cf. J. Derrida, „De l'économie restreinte à l'économie générale", in *L'écriture et la différence* (Seuil 1967).

qui avale „tout privilège authentique de l'Homme". Nous y devinons la perte du sens, et non pas simplement son interruption.

Voici donc le moment suspendu qui est la charnière du poème en prose. Le texte est marqué par „quelque chose d'autre, non une scène" (O.C., p. 346) qui se retire du drame de „notre supériorité" et, ce faisant, le fait basculer jusqu'en ses fondements.

Il y a donc l'échec potentiel du texte en ce qui concerne la production et la circulation du sens. Nous avons lu une pareille défaite dans le statut fragmentaire d'*Hérodiade* et dans l'ébranlement du *logos* du *Démon de l'Analogie*. Cependant ici il n'y a pas de chute; le texte exerce un certain contrôle qui permet de circumnaviguer autour du moment suspendu, voire d'en profiter. Il faut interroger ce contrôle pour arriver à la vraie signification du poème. On verra ensuite que contrôler le moment suspendu *est* produire du sens.

h. La production du sens.

La phrase qui abrite ce que nous appelons «le moment suspendu» est immédiatement suivie de la description d'une nouvelle situation: „Tout oreilles, il fallut être tout yeux". Invoqué sur la scène par le moment suspendu, un décalage s'introduit qui rompt le mouvement discursif toujours sujet à une temporalisation. A sa place s'étend maintenant un certain espace qui commande l'attention des yeux. L'illusion persiste que c'est *l'événement inattendu* qui suspend l'applaudissement et „absente le souffle" de la foule, tandis qu'en réalité, c'est *la suspension de tout événement* qui ouvre les yeux, non pas des spectateurs, mais du moi-sujet. „Je compris", dit-il.

Car, à l'encontre des autres spectateurs, pour le sujet-auteur rêvant à la rampe, c'est évidemment le suspens soudain des applaudissements qui évoque une nouvelle scène: le suspens coupe court à sa „recherche assoupie d'imagination ou de symboles" et le rend attentif à quelque chose d'autre. C'est pour lui seul que le moment suspendu dirige l'attention vers une scène d'irruption. Là où il s'était laissé entraîner par l'atmosphère du théâtre primitif, participant presque à contre-coeur au spectacle qui plaît à la foule ordinaire, tout à coup ce sujet-moi se réveille comme un nouveau-né. Ce nouvel homme, *lui seul*, regarde une scène absolument neuve. „Tout yeux", ce regard ressemble au regard johannique en ce qu'il porte sur une connaissance tout à fait neuve et absolument autre. Occulté dans la suspension temporelle et spatiale du discours de la foule, le moment suspendu a donc généré les conditions de possibilité d'une représentation fictive originaire ainsi que d'un sujet conscient, tandis qu'auparavant ce dernier existait dans une rêverie inconsciente et ne surgissait à l'état conscient que soutenu par la conscience collective de la foule.

Le moment suspendu est donc en tout état de cause un espace producteur (et non plus un espace logique): il impose les conditions de possibilité d'un nouveau théâtre, celui de «l'interrompu» représenté par la scène où l'ours quitte son programme et agit selon sa propre curiosité naissante; il rend possible la mise en place d'un sujet conscient qui diffère radicalement de cet autre sujet qui s'identifiait et se confondait avec les spectateurs. Grâce à la nature auto-biographique du récit, le sujet peut se séparer des autres, quitter leur discours-théâtre et, dans une (re)-naissance, s'allier avec l'ours dont il devient la conscience parlante.

Nous nous trouvons ainsi face aux données suivantes: a) le moment suspendu ne peut être connu puisqu'il consiste en un *logos-en-suspens* dont la parole s'évanouit: l'applaudissement cesse. C'est la dimension de l'ana-logique dans le sens du terme que nous lui avons attribué au premier chapitre (p. 21); b) la suspension du temps qui accompagne nécessairement la perte du savoir, frustre, dans le „fixe fracas", la répétition perpétuelle de toute présence, temps principal de la circulation du sens. C'est la dimension de l'ana-chronique dans le sens d'une stagnation de toute durée temporelle, au lieu d'être perçue comme une erreur contre la logique du temps (la chronologie); c) or, la dimension ana-chrono-logique qui se laisse discerner dans ce suspens dédoublé est la dimension de l'impensé dont la „réflexivité occultée et secrète"[15] se cristallise dans l'émergence d'un nouveau texte qui n'est d'abord qu'une scène théâtrale vide de

---

15 Toute la terminologie du domaine ana-chrono-logique est empruntée aux conférences de Gérard Bucher sur René Girard données à Buffalo, N.Y. au printemps 1978.

sens: c'est «l'interrompu» du spectacle interrompu; c'est un signifiant pur: le pantin et l'animal joints dans l'étreinte, tous les deux figés dans une seule figure vidée de différences internes; d) en même temps la dimension du suspens qui a ruiné la réflexion du narrateur, membre de la foule, génère l'auto-affection d'un sujet conscient: la figure de l'homme-ours. Celle-ci n'est plus la cause métaphysique de la nouvelle représentation; mais elle est, au contraire, une fonction de la cristallisation de l'impensé, c'est-à-dire de «l'interrompu» dans le concept „spectacle interrompu". Comme fonction de cette cristallisation, ce nouveau sujet vit dans une réflexivité dérivée de celle, secrète, du suspens. Sa réflexivité n'est plus centrale ou authentique mais simplement une dérivation de l'impensé; elle est pourtant nécessaire au tracement de ce non-savoir non-reconnaissable. Produit du nouveau texte, le nouveau sujet abrite la pensée de la non-pensée. Producteur d'un nouveau discours, celui de l'ours „hominisé" par la surimposition de sa parole sur celle du moi-auteur, le sujet ne fonctionne que comme le signe-porteur (méta-phore) d'une pensée qui est toujours déjà la pensée de la non-pensée, mais ceci exclusivement dans l'occultation totale de cette relation intime. En d'autres termes, le sujet apparaîtra toujours comme auteur et jamais comme métaphore. e) Nous constatons que ce nouveau sujet (qui est en effet le sujet tout net) «produit» le sens, à condition qu'on «reconnaisse» l'espace producteur du moment suspendu comme générateur, comme „fait, étant", dirait Mallarmé, qui permet la production du sens comme «réflexion»[16] du non-sens, qui permet donc la possibilité (toute pensée) de l'impossibilité (la non-pensée). Si nous reconnaissons cette condition radicale qui advient au milieu du récit d'*Un Spectacle interrompu* et coupe son discours jusqu'à le rompre irrévocablement et non pas simplement à l'interrompre, nous pouvons nous-même accepter l'arrêt de la circulation du sens. Nous pouvons ensuite participer à la production du sens en tant que lecteur qui s'identifie au sujet homme-ours; tout comme le lecteur d'*Hérodiade*

---

16 Il devrait être évident dès maintenant que nous avons vidé la notion de „réflexivité" de toute signification dialectique, dans le sens hégélien de ce terme. La réflexivité dont il s'agit ici a plutôt rapport aux facettes du lustre mallarméen.

finit par s'identifier à Jean et à son regard-désir de la (re)-connaissance.

Suivant ces implications qui visent une problématique plus englobante pour la lecture de l'oeuvre mallarméenne, nous devons retourner aux spécificités du poème en prose. Une fois la foule tombée dans la crise de l'indifférenciation, la confusion trouve sa plus haute expression dans la crainte pour „l'honneur de la race", dans la reconnaissance du clown, représentant de la race, comme victime émissaire éventuelle. Or, le moi-sujet rejette la méconnaissance (la non-reconnaissance de la «vraie» victime) de la foule, et rétablit le rôle émissaire de l'animal:

> „Ma requête, pressante, est juste, que tu ne sembles pas, en une angoisse qui n'est que feinte, répondre ne savoir, élancé aux régions de la sagesse, aîné subtil! à moi, pour te faire libre, vêtu encore du séjour informe des cavernes où je replongeai, dans la nuit d'époques humbles ma force latente".

Le rejet de la non-reconnaissance constitue donc la production d'un «nouveau» savoir qui est «l'ancien» savoir redécouvert dans son caractère sacré. Dans le simple acte de dressage animal qui voile, par un abus historique continuel, le caractère sacrificiel de la scène théâtrale, le sujet reconnaît maintenant la signification précisément dans le rôle émissaire de l'ours qui se sacrifie en retombant dans son antre pour que l'homme puisse „se lancer aux régions de la sagesse". Ce rite sacrificiel se déplace de l'antre aux tréteaux d'un petit théâtre. En tant que tel, cet acte présente donc la découverte de sa propre signification sacrée par laquelle le lecteur-sujet trouve le sens de sa supériorité, de son hominisation achevée.

L'auto-réflexion (l'ana-logos) du texte accomplit donc la production du sens que partage tout lecteur, soit-il l'ours par sa voix empruntée au moi-sujet, le sujet lui-même produit du texte, ou enfin tout lecteur du poème, mais toujours en l'absence de toute source autoritative.

Fondés dans et par le texte, le sujet et le sens produit sont symptomatiques de l'espace producteur de l'impensé, ils travaillent comme fonctions de cet espace; ils le dévoilent tout en l'occultant en même temps. Ils le dissimulent en se proposant comme les agents du dévoilement. Cette perspective éclaircit — plus que toute autre explication, croyons-nous, — l'effacement de l'auteur auquel Mallarmé aspira en cédant la place au „livre: fait, étant".

i. *La violence: la menace de la mort.*

La production du sens dont nous avons suivi le fil à travers «l'interrompu» d'*Un Spectacle interrompu* n'est possible que par le rejet du non-sens exprimé dans le texte par la confusion de la foule qui juge que le clown est la victime immanente d'une scène de violence. Selon Girard la reconnaissance de la victime émissaire est toujours la condition sine qua non du processus d'hominisation, c'est-à-dire de la formation de la conscience et de la différenciation qui soutient la pensée symbolique en général. Il s'ensuit que la méconnaissance de la «vraie» victime entraîne la crise d'indifférenciation que le moi-sujet s'efforce de gérer pour éviter l'effondrement du sens. Il reconnaît la violence potentielle qui gît dans la méconnaissance. Car il ne craint pas pour le clown, „l'honneur de la race". Le monologue de l'ours-homme indique clairement que le clown n'est jamais menacé. Il craint plutôt la violence réciproque et maléfique qui envahirait la foule et la rejetterait de nouveau au statut misérable de la cohue dans *Le Phénomène futur*, vide de sentiment humain et d'appréciation de la Beauté. Il craint la mort du sens, la mort de l'essence humaine. Par un travail simultané il perçoit le gouffre du moment suspendu et le traduit en une compréhension qui rejette la méconnaissance:

> „Spectacle clair, plus que les tréteaux vaste, avec ce don, propre à l'art, de durer longtemps: pour le parfaire je laissai, sans que m'offusquât l'attitude probablement fatale prise par le mime dépositaire de notre orgueil, jaillir tacitement le discours interdit au rejeton des sites arctiques: (...)"

Il faut se rappeler la coupure radicale entre le discours de la foule dont l'approbation authentifie la scène théâtrale et cet autre discours attribuable exclusivement au sujet dont la conscience et l'intérêt étaient suscités „par quoi?": le discours de la race ne fait qu'enregistrer le sens; le discours de l'homme-ours le produit comme fonction de l'impensé. L'interruption est remplie de sens, là où auparavant il n'y avait qu'un signifiant vide. Il y a donc une production originairement indépendante de toute source extérieure.

Ce déplacement du sens implique une conséquence cardinale. Tandis que le sens circulé dans le discours traditionnel n'admet aucune responsabilité pour la violence qui surviendrait du dehors (la nature brute menaçant la forme culturelle), le sens du texte auto-réflexif se constitue à partir d'une violence extraordinaire et nécessaire pour rejeter le non-sens. La violence dont le sens circulé s'absout, se déplace maintenant au niveau du sens même: l'acte producteur du sens est l'acte rejetant le non-sens. Certainement le sujet recouvre le caractère sacré de la scène, il identifie correctement la «vraie» victime et lui rend sa valeur de catalyseur de la culture. Mais ce message n'est transmis qu'avec l'entendement concomitant que le spectacle dramatique de la mort imminente du clown est faux, que c'est un non-sens et une scène vide. En lisant le message le sujet-lecteur valorise le rôle propre de l'animal et confirme après-coup, en le produisant, le sens qui circulait dans le discours de la foule avant l'irruption de la suspension.

Le poème produit donc son propre sens tout en fabriquant le tissu de son texte. La réflexion rattache la première partie du spectacle à la deuxième qui consiste en une scène inattendue, et le fait en éludant le moment suspendu. Elle produit ainsi *le spectacle intégral et intact* de „notre supériorité" logique, malgré les apparences d'un spectacle interrompu: *en enkystant le moment suspendu* − analogue à la formation d'une perle ou d'un cocon de soie. Le fait que l'acte d'enkystement soit un réflexe protecteur du ver ou défensif de l'huître est oublié. Le discours ne s'analyse pas dans ce poème. Mais comme le matériau enrobant devient le seul objet de valeur (la soie, la perle), ainsi le discours comme ingrédient actif de l'enkystement dans ce poème, devient-il le producteur théâtral du sens. En rejetant le non-sens, le sujet «rejette» le moment qui suspend le sens et qui engendre la scène représentative de la méconnaissance. Ce qu'il «rejette» en fin de compte, c'est la notion d'une mort absolue et irrévocable qu'il a entrevue dans le moment suspendu à travers la menace de la violence d'indifférenciation.

En produisant le sens, il réussit la gestion de la mort jusqu'à la rendre presque non-reconnaissable dans une scène de cirque. Il l'enkyste comme un corps étranger au milieu du corpus du sens. Il ignore, cependant, que l'acte même d'enkystement est l'acte producteur du sens. Cette production est donc toujours la fonction d'une exclusion. Ce qui se traduit dans notre texte par une violence textuelle: le „drame de l'histoire astrale" n'est connu et compris que du sujet; la vérité qu'il réclame pour lui-même suppose toujours l'exclusion de l'autre dans le non-sens, dans la non-vérité:

> „Je me levai comme tout le monde, pour aller respirer au dehors, étonné de n'avoir pas senti, cette fois encore, le même genre d'impression que mes semblables, mais serein: car ma façon de voir, après tout, avait été supérieure, et même la vraie".

Sa façon de voir est la lecture logique et correcte de l'interruption inattendue; elle est la vérité qui exclut la possibilité de la mort du clown à travers l'exclusion de l'autre. Par l'enkystement, la violence «illogique» et extérieure est contrôlée à l'intérieur même du *logos* à l'aide d'une dialectique du même et de l'autre. La violence logique de l'exclusion suffit à contenir ce corpuscule étranger et ainsi à pouvoir l'ignorer sans gêne et sans conséquences. Le poème réussit cette stratégie parce que son auto-réflexion interne ne couvre que la perspective du *theos* (la question de la vie et de la mort; comment établir des différences). Elle ne se pose jamais le problème de la violence de sa parole logique. Elle ne touche pas au moment suspendu qui reste dans le texte du récit, mais à un statut non-réfléchi.

Le poème réussit à représenter spectaculairement le contrôle du non-sens parce qu'il distingue entre la suspension de la compréhension dans le moment du *logos* non-réfléchi que le texte circonscrit pour se sauvegarder contre toute subversion du non-sens, et la perte de la connaissance chez les spectateurs que, grâce à son statut autobiographique, le sujet peut rejeter en sûreté par sa réflexion exclusive sur le *theos*. Le projet du poème oeuvre au niveau d'un signifiant qui couvre le non-sens en le découvrant. Mais il ne réfléchit que sur le processus et les procédures du recouvrement et de la dissimulation.

Reste à indiquer pourquoi ce poème rencontre le succès là où *Le Démon de l'Analogie* et *Hérodiade* ont fait faillite. *Le Démon de l'Analogie* ne parvient plus à assurer de contrôle sur le moment suspendu parce que son auto-réflexion s'occupe précisément du blanc et de la parole absurde qui, tous les deux, y sont les indices du mystère du suspens. Au fur et à mesure que le discours se réfléchit, il devient conscient du fait que l'illogique de la parole absurde et du blanc a infesté sa propre logique, voire que ce statut conscient même ne peut plus être maintenu. La bizarrerie qui envahit le texte est le résultat direct d'une réflexion qui veut poser le problème de son propre *logos* mais se trouve incapable d'accepter la conclusion inéluctable de sa propre violence.

Quant à *Hérodiade*, l'enquête doit porter sur la différence dans la manière de marquer le moment suspendu. Nous avons parlé du geste trop hâtif que constitue *Hérodiade* dans le contexte de l'oeuvre mallarméenne (chapitre II, p. 79). Nous pouvons maintenant expliciter cette hâte logique: dans *Hérodiade* le moment suspendu du mystère n'induit pas une méconnaissance «maniable», tandis qu'*Un Spectacle interrompu* intercale la non-reconnaissance de la part des spectateurs servant de scène signifiante mais vide de sens. Cette scène dévoile et trace le moment suspendu et en même temps le cache par le tracement. Le rejet du non-sens de la part du sujet-lecteur est une violence contre la foule, contre l'autre qui est l'acteur sur la scène représentative du non-sens. La valorisation de la victime et la production du sens qui s'ensuit prennent appui sur le rejet d'une méconnaissance dissimulée, ou inversement d'une simulation de la méconnaissance à travers une scène représentative qu'on croit irruptive.

En *Hérodiade* le sujet n'a pas le luxe d'une méconnaissance intermédiaire et mandataire par la simulation du signifiant «spectacle interrompu». Sa production du sens doit aller directement au rejet du moment suspendu dont le signifiant est la Virginité. Mais une fois la simple circulation du sens arrêtée et sa production entamée par la valorisation du sacrifice de Jean, nous avons reconnu d'une part la pauvreté du concept virginal traditionnel et de l'autre la limite où l'on ne sait plus discerner le moment suspendu de son signifiant «virginité». Nous avons conclu que la virginité telle que Mallarmé l'a «com-prise» ingénument, *est* le mystère du moment suspendu. La violence du rejet logique y concerne donc le non-sens lui-même sans intermédiaire, c'est-à-dire sans le tracement «maniable» d'un autre.

En posant la virginité comme l'autre excluable dans le non-sens, mais simultanément en tant qu'objet de valeur normatif livrant à son possesseur la vérité, *Hérodiade* se trouve embrouillé dans un paradoxe irréductible; car, en effet, en rejetant le non-sens, le sujet rejette la vérité. La vérité du même dans le sens et l'exclusion de l'autre dans le non-sens se trouvent juxtaposées inextricablement dans la même notion: la virginité surdéterminée.

A l'encontre d'*Un Spectacle interrompu*, la réflexion interne du texte d'*Hérodiade* pose le problème du *theos* et du *logos* joints dans le même signe surdéterminé de la vierge; et contrairement au *Démon de l'Analogie* elle accepte la conclusion inéluctable de sa propre violence. La première conséquence de cette acceptation est l'incapacité de la part de Mallarmé de jamais achever cette pièce; ensuite ce sera le choix de tout lecteur futur entre le viol de ce texte ou la destruction-suspension de sa propre lecture. Ce qui rend possible la disparition de la violence.

j.   Le moment suspendu III: le lustre.

Un Spectacle interrompu se distingue des autres poèmes par la netteté par laquelle il enkyste le moment suspendu. Ce trait est essentiel pour l'examen, spécifique à ce poème, de la problématique du sens et du non-sens. Il ne suffit pas, cependant, de prononcer le suspens: „une des nombreuses salves d'applaudissements (...) venait, brisée par quoi? de cesser net, avec un fixe fracas de gloire à l'apogée, inhabile à se répandre". Juste à l'instant où le „nouveau" sens a été produit et le „nouveau" sujet est assuré de la logique et de sa vérité, le texte reprend le suspens et le déplace par l'analogie de la lampe à gaz:

> „La foule s'effaçait, toute, en l'emblème de sa situation spirituelle magnifiant la scène: l'impartialité d'une chose élémentaire, le gaz, dans les hauteurs de la salle, continuait un bruit lumineux d'attente."

L'analogie permet le passage de la situation spirituelle de la foule, exprimée théâtralement par les applaudissements suspendus, à la matérialité du gaz. En effet, l'analogie suscite, *dans le moment suspendu*, un rapprochement isomorphique entre culture et nature. La lampe devient le signe qui, seul, pourrait dispenser du discours logique („bruit lumineux"). Le moment suspendu est maintenant „visible" matériellement, et non pas reconnaissable conceptuellement.

A l'encontre du discours du sujet qui produit la „vraie" rendition de la scène interrompue, le lustre mallarméen, dans sa forme moderne de lampe à gaz, offre le moyen de «préserver» le non-sens de façon à le laisser „visible" au milieu même du discours logique. Il offre l'impartialité nécessaire vis-à-vis de la compréhension et la non-compréhension, en un mode a-dialectique. Les dimensions du „fixe fracas" sont quasiment calquées sur le doux sifflement du gaz. „L'impartialité d'une chose élémentaire" permet le décalage de «l'espace logique» „inhabile à se répandre" à «l'espace matériel» d'un lustre gazeux, où l'idée et la matière se mêlent sans violence, grâce au neutre de l'indifférenciation. Impartial et neutre — ce sont les conditions qui éliminent toute violence. Ainsi ne sont menacés ni le sens par une suspension renouvelée, ni le non-sens par un re-couvrement.

La suite du récit conclut l'anecdote en repoussant l'ours à son niveau animal; il „retomba à quatre pattes" pour aller avaler le morceau de viande qu'on avait jeté sur la rampe pour le distraire. L'ours retombe dans sa nature animale, c'est-à-dire il continue dans son rôle de victime émissaire dont le caractère sacré a été usé. La narration reprend le fil du spectacle initial et met de côté toute l'interruption. Un soupir collectif s'élève de l'auditoire, comme un faible écho de l'applaudissement antérieur. Les affiches sur le rideau descendant annoncent les attractions à venir. La circulation du sens semblerait donc intacte, s'il n'y avait pas l'invisible qui devient — pour un instant „extra-scénique" — visible, grâce au lustre qui est l'emblème matériel de l'enkystement par le texte.

k. L'isomorphisme des structures culturelles et physiques.

Le récit du poème raconte à quel degré la crise sacrificielle pousse l'indifférenciation et effectue une crise de la logique. Le paroxysme de cette crise est représenté par la curiosité de l'ours qui se croit le parent de l'homme et donc capable de comprendre, comme son

„aîné subtil", „la vertu de cette atmosphère de splendeur" qui est la mise en scène du discours logique. En cherchant le *logos*, sa „requête" consiste paradoxalement en la destruction du *logos* par le nivellement des différences qui posent l'animal brut du côté de la nature et de la matière et l'homme du côté de la culture et de la pensée: „Authentiquons, par cette embrassade étroite, devant la multitude siégeant à cette fin, le pacte de notre réconciliation".

L'étreinte du „couple uni dans un secret rapprochement" signifie la dissolution des catégories logiques, surtout celle du même et de l'autre. Cette perte ne peut jamais être dite ou objectivée. Elle n'est que tracée par la fusion mystérieuse entre la nature et la culture à partir du moment suspendu. Le lustre immobilise le mystère „dans les hauteurs de la salle" par l'impartialité du gaz qui transcende toute puissance logique enregistrant le sens en circulation, comme le font les applaudissements des spectateurs.

Un Spectacle interrompu se compose donc de deux «tableaux». L'un présente les contours du moment suspendu tracés par le couple uni dans un „secret rapprochement" de nature et culture, et illuminés par le lustre, dispensateur de l'extase, c'est-à-dire du *logos* en suspens. C'est l'*u-topos* de la dimension ana-chrono-logique, le „quelque chose d'autre" ou l'„extra-scénique".

L'autre tableau peint la scène de l'exclusion du premier tableau. Le sujet-spectateur achève cette expulsion en établissant la valeur symbolique de l'animal par le rejet catégorique de la non-reconnaissance de la part des autres spectateurs. Sous forme d'une exclusion monumentale (toute l'humanité hors de la vérité), la violence est ainsi constitutive du processus symbolisant; elle est complice de la compréhension dont se vante le sujet en sortant du théâtre. L'histoire du poème est ainsi racontée par un discours qui expulse une menace mortelle, mais qui reste dans l'ignorance de sa propre violence inhérente.

Le premier tableau est rendu inoffensif dans son exil hors du texte logique. Mais les éléments qui le composent réapparaissent dans *Un Coup de dés* en maître au „bras écarté" et en constellation de l'Ourse. L'isomorphisme des structures culturelles et physiques y est tracé „en hypothèse: on évite le récit", comme annonce la *Préface* (à *Un Coup de dés*). Dans *Un Spectacle interrompu* c'est encore le récit qui s'efforce de cacher le dévoilement du vide monstrueux à son origine parce qu'il mortifierait la „supériorité" de la race humaine. En se donnant complètement au mystère à l'origine de ces structures, *Un Coup de dés* renonce aussi à la violence du *logos*, ce qui fait toute sa nouveauté radicale et mérite la description que Mallarmé lui-même en a donnée: „un acte de démence"[17]. Le poème en prose n'est pas encore aussi radical; il n'abrite qu'un acte d'irruption momentanée.

II. Les autres poèmes en prose.

a. *Des premiers aux derniers poèmes en prose.*

Ayant élaboré, dans *Un Spectacle interrompu*, le processus de la production du sens à partir d'un rejet du non-sens et accusé un «certain» moment d'incertitude qui échappe à toute activité réflexive du texte, nous voulons maintenant parcourir les autres poèmes en prose, non pas pour répéter le même processus détaillé mais pour en indiquer le décalage, des premiers aux derniers poèmes, du degré de contrôle exercé en vue de maîtriser le moment suspendu. Il nous restera ensuite à en dégager la signification originaire.

Ce qui nous a toujours frappé dans le cas des poèmes en prose et surtout dès la lecture du *Démon de l'Analogie*, c'est l'auto-réflexion textuelle qui les situe, de ce fait, entre la poésie proprement dite et les écrits théoriques et critiques. Sans hasarder une définition du poème en prose, nous considérons, cependant, l'activité auto-réflexive comme une marque distinctive de ces poèmes, modifiée par une ambiance qui se prête au jeu intérieur de la rigueur dont le regard est bien disposé à poursuivre ses objectifs.

Autour des poèmes de 1864, d'abord, se forme le cadre d'un discours qui produit son propre sens, en toute rigueur, et qui, parlant ainsi de lui-même, se produit lui-même. Le sujet de ces textes est donc toujours et exclusivement leur statut textuel même. De cette

---

17 Cité par P. Valéry dans „Variété" in *Oeuvres* I (Gallimard 1954), p. 625.

façon ils présentent une circularité productive — poétique — dont le centre est toujours le Même: en l'occurence la recherche des conditions de possibilité d'une nouvelle poétique.

Mais en tant que tel, le Même implique un Autre qu'il expulse toujours déjà de son discours. Puisque le Même de cette poétique a trait au sens produit, l'exclusion de l'Autre doit toujours être l'espace topique du non-sens. En fait, à mesure que l'exclusion s'efforce de voiler la possibilité de l'Autre, donc de rendre «vraiment» impossible l'Impossible, et à partir de la violence de son activité excluante en tant qu'activité auto-réflexive, s'impose l'exigence d'une rigoureuse exposition du „mécanisme victimaire". Comme garant des „formes symbolisantes" (Girard), celui-ci assure donc le succès de l'auto-réflexion textuelle telle qu'elle advient intacte, dans les premiers poèmes en prose[18]. De cette façon ils empruntent divers détours de manière à éviter le mystère monstrueux, virginal et mortel, qui réside dans l'espace topique de l'expulsion. Ils marquent ainsi le contre-projet d'*Hérodiade* où le discours auto-réflexif refuse tout détour, préférant au contraire rechercher l'Autre dans le mystère le plus profond et le plus fatal qu'il connaisse, dans la virginité. Au contraire, les premiers poèmes en prose réussissent à „économiser" l'Autre, voire à l'intégrer dans leur stratégie pour promouvoir la vision poétique telle que le jeune Mallarmé s'évertue à la formuler pour et dans son oeuvre.

Ensuite, *Un Spectacle interrompu* représente la charnière qui divise et lie les deux parties du recueil et offre la clé d'une lecture unificatrice.

En effet, nous avons essayé de souligner la signification du titre même comme l'indice dédoublé de la problématique de ces textes. Le „spectacle" c'est le discours qui se parle et se contemple, dans les premiers poèmes, et ainsi se retrouve dans toute sa „supériorité" réclamée par le „privilège authentique de l'Homme", même si cela se manifeste par l'expression privative de la bizarrerie dans *Le Démon de l'Analogie*. L'„interrompu", c'est le moment de suspens qui ne peut être représenté et reste donc inaccessible à tout discours. Celui-

---

18 En parlant des premiers poèmes comme d'une entité, nous sous-entendons toujours, bien sûr, le cas spécial du *Démon de l'Analogie* auquel nous avons porté notre attention dans le premier chapitre.

ci l'ignore d'abord dans sa non-représentabilité, l'admet dans *Un Spectacle interrompu* à condition que cet aveu soit accompagné d'un enkystement neutralisant, et s'ouvre enfin dans les derniers poèmes à la subversion par le suspens.

Au niveau du discours logique qui sous-tend le récit, le tout des poèmes en prose est un microcosme du développement poétique mallarméen jusqu'à *Un Coup de dés*: se réfléchissant lui-même, le *logos* engendre une poétique tout à fait ingénue dont le sujet unique est la production de sa logique − sans interruption. Sans «interruption» veut dire sans jamais s'interroger sur le statut d'une logique qui dépend toujours d'une exclusion monumentale. Mais cette réflexion doit nécessairement advenir à un discours interrompu (p.e. *Un Spect. interr.*) dont le moment interruptif pose la question du *logos* et, dès que posée, en dispose dans „l'impartialité du gaz".

Une fois posée et disposée, la question ne revient que beaucoup plus tard, dans les derniers poèmes, où le moment interruptif s'épanouit en une condition générale de subversion qui envahit le discours. Cette fois-ci, le sujet ne s'enfuit plus. Il persévère plutôt jusqu'au bout de ce développement poétique, de même que son discours qui devient de plus en plus le sol scénique du questionnement de son propre langage. L'auto-réflexion doit, à un moment donné, viser la question de sa propre violence, à moins qu'elle ne glisse en une parole de mauvaise foi. Elle est forcée, pour rester honnête envers elle-même, de s'ouvrir à cet espace topique où elle a expulsé le non-sens. Il en résulte un certain échange du sens avec le non-sens, échange dont nous n'observons les conséquences que dans le comportement du sens, étant admis que le non-sens reste inaccessible à notre activité observatrice et logique.

Les quatre derniers poèmes offrent la mise en scène, et de cette ouverture et de ses conséquences. Nous y suivons le récit où rien ne se passe, ou presque, tout en «pressentant» que quelque chose d'essentiel survient. Car la production du sens y cerne l'ouverture à l'Autre expulsé du discours, ce qui se manifeste au niveau du récit par une activité nulle d'auto-réflexion. En même temps, le Même de la parole-sur-soi-même est mis en cause, donnant au lecteur attentif de ces textes le pressentiment d'un écroulement du sens. L'irruption de la „démence", cependant, est entravée par l'auto-réflexion même, précisément là où elle amorce le processus de l'ouverture au nonsens. Au lieu de la pure production de l'activité poétique proférée dans les premiers poèmes, au lieu même de la «présence» soigneusement contrôlée d'un moment suspendu dans *Un Spectacle interrompu*, les derniers poèmes témoignent d'une production radicale du sens poétique, qui, en reconnaissant sa propre violence excluante, entame sa déconstitution.

La signification des poèmes en prose se trouve dans ce mouvement à la fois poétique et méthodologique qui marque toute la pensée de Mallarmé et la prépare au grand „acte de démence" d'*Un Coup de dés*. La divergence essentielle entre celui-ci et le recueil des poèmes gît dans la présence, sur scène, du discours dont l'auto-réflexion, composant le récit, finit par le (se) déconstituer, tandis que dans *Un Coup de dés*, enfin, „on évite le récit" de prime abord. Au niveau de la poétique les poèmes en prose suivent le même chemin qu'*Igitur* au niveau philosophique. C'est dans *Un Coup de dés* que les deux niveaux se retrouvent et que Mallarmé reconnaît qu'ils ne sont que deux indices métaphoriques de ce mystère qui est l'objectif de sa quête poétique.

b. La problématique du zéro.

Ce que le poète recherche en fin de compte, c'est à renverser le processus violent de la vérité logique qui, afin de s'installer dans sa définition d'identité-à-soi, rejette, comme non-vrai, tout objet non-identique-à-soi. C'est ainsi que G. Frege, à l'aide des nombres, fonde l'origine autonome de la logique. Puisque le Nombre importe dans *Un Coup de dés*, il nous convient d'utiliser la lecture de J.-A. Miller sur le discours de Frege[19], pour préciser le rapport entre le processus occulté dans les poèmes en prose et son éclatement dans *Un Coup de dés*.

Or, pour Miller la problématique du zéro „suture" le discours logique de Frege. Il s'en sert à contresens pour défaire, puisqu'il s'agit d'une suture, le tissu de cette vérité logique:

19 Jacques-Alain Miller, „La suture (Eléments de la logique signifiante)", *Cahiers pour l'Analyse*, 1966.

> C'est l'énoncé décisif que *le concept de la non-identité-à-soi est assigné par le nombre zéro* qui suture le discours logique.
>
> Car, et je traverse ici le texte de Frege, dans la construction autonome du logique par lui-même, il a été nécessaire, afin que fût exclue toute référence au réel, d'évoquer, au niveau du concept, *un objet non-identique à soi* — rejeté ensuite de la dimension de la vérité.
>
> Le 0 qui s'inscrit à la place du nombre consomme l'exclusion de cet objet. Quant à cette place, dessinée par la subsomption, où l'objet manque, rien n'y saurait être *écrit*, et s'il y faut tracer un O, ce n'est que pour y figurer *un blanc*, rendre visible le manque. (L'auteur souligne)[20]

Pour bien comprendre l'argument de Miller, il faut souligner dans ce texte la différence typographique de 0 et O. Elle est le signe emphatique de la difficulté de marquer le manque ou d'en parler. Il poursuit en notant que:

> Du zéro manque au zéro nombre, se conceptualise le non-conceptualisable.

C'est ce que fait Frege. Nous entendons la pensée mallarméenne comme le renversement de ce processus et comme le retour du conceptualisable vers le non-conceptualisable pour dévoiler «l'origine» non-originaire, et plutôt mystérieuse, de ce que nous appelons la vérité.

Ainsi, nous envisageons le recueil des poèmes en prose sous le signe du zéro nombre (0) qui aménage le manque. Mais au fur et à mesure que le discours y réfléchit, il perd les contours (O) de cette trace, jusqu'à *Un Coup de dés*... qui laisse tomber toute prétention à une conceptualisation et recule vers la limite du non-conceptualisable, c'est-à-dire au zéro manque (⊠) ou ( ). Nous en reparlerons dans le chapitre suivant. En ce qui concerne les poèmes en prose, on peut leur assigner ce que Miller ajoute au sujet du zéro:

> Le zéro entendu comme un nombre, qui assigne au concept subsumant le manque d'un objet, est comme tel une chose — *la première chose non-réelle dans la pensée*. (L'auteur souligne)

---

20 Jacques-Alain Miller, „La suture (Eléments de la logique signifiante)", *Cahiers pour l'Analyse*, 1966, p. 46.

Les poèmes abritent précisément la mise en scène de „la première chose non-réelle dans la pensée", dont le leurre du manque reste d'abord caché, est ensuite exposé dans l'enkystement du lustre, et enfin dévoilé dans toute sa force subversive avec un minimum de contrôle exercé par la pensée. Car l'auto-réflexion conduit nécessairement et de plus en plus profondément à la limite qui, une fois franchie, s'ouvre au *mystère* (zéro manque) du non-réel, et non plus à sa chosité (zéro nombre).

Mais s'appuyant encore sur la pensée et restant en deçà de la limite, cette réflexion s'occupe du mystère du non-réel comme d'une chose. Elle ne com-prend que le „zéro entendu comme un nombre". Or, ou ce travail produit un récit opaque et non-réflexif assignant un signifié au non-réel pour sauvegarder sa chosité et, par conséquent, à assurer „à la dimension de la logique sa fermeture"; ce serait le discours métaphysique, en l'occurence le discours de Frege. Ou le discours produit son propre sens à partir de l'auto-réflexion sur cette chose non-réelle et, radicalisant ce processus, découvre, comme dit Miller encore au sujet de Frege, „dans le zéro nombre le tenant-lieu suturant du manque"[21].

Cette découverte cardinale qui vise la problématique essentielle de la représentation symbolique, instaure la couche sous-jacente des derniers poèmes en prose, surtout du *Nénuphar blanc* dont la scène métaphorique particulière se rapproche le plus du virginal mystérieux au fond de la figure d'Hérodiade. En ces termes on pourrait considérer *Hérodiade* échouée comme une scène théâtrale qui s'efforce de représenter le zéro manque sans s'appuyer sur le zéro nombre („entendu comme le tenant-lieu suturant du manque") et se brise à l'impossibilité de la tâche.

Car sans aucun tenant-lieu, la tentative d'une ouverture théâtrale au manque que Mallarmé discerne dans la virginité, n'est qu'un „faux manoir / tout de suite / évaporé en brumes / qui imposa / une borne à l'infini" (*Un Coup de dés*, O.C., p. 471). Nous avons essayé de lire cette „borne à l'infini" comme la violation du virginal, violence inacceptable pour le sujet parce que le manque virginal est essentiel à

---

21 Jacques-Alain Miller, „La suture (Eléments de la logique signifiante)", *Cahiers pour l'Analyse*, 1966, p. 48.

la production de la vérité autonome dont le sujet ne peut et ne veut pas se passer, afin de pouvoir digérer la mort de son savoir et de son autorité productive.

Hérodiade est cette pièce où la suture est déchirée sous la tension de la virginité surdéterminée comme zéro manque *et* zéro nombre, tandis que les poèmes en prose savent jouer l'un contre l'autre afin d'éviter un nouvel échec. La problématique inhérente du discours de Frege dédouble la proposition du projet d'*Hérodiade* :

> Pour que le nombre passe de la répétition du 1 de l'identique à sa succession ordonnée, *pour que la dimension logique gagne décidément son autonomie, il faut que sans nul rapport au réel le zéro apparaisse.* (Nous soulignons)[22]

Comme lecture déterminée et définitive *Hérodiade* serait la pièce réussie où apparaîtrait la virginité comme un concept autonome et produit originairement par un texte qui n'emprunterait rien à la circulation traditionnelle de ce concept. Pour que le discours logique du lecteur puisse réclamer son autonomie autoritaire et indépendante de tout empirisme, il insiste sur l'apparaître de la virginité comme la chose la plus originairement non-réelle. Le zéro apparu serait justement le désir johannique de connaître la virginité, le regard de la connaissance.

Mais Miller „déplie", comme il dit, la représentation logique :

> „La répétition génitrice de la suite des nombres se soutient de ce que *le zéro manque passe*, selon un axe d'abord vertical, *franchissant la barre qui limite le champ de la vérité pour s'y représenter comme un, s'abolissant ensuite comme sens* dans chacun des noms des nombres qui sont pris dans la chaîne métonymique de la progression successoriale." (Nous soulignons)

La virginité intouchée par toute connaissance entre, comme le zéro manque, dans le champ de la connaissance et de la vérité pour s'y représenter comme un objet connu. Or la virginité connue est toujours déjà violée ; à l'instar du zéro manque, elle s'abolit comme savoir. Violée, la virginité est un concept contradictoire, elle disparaît donc, tandis que la violation se présente comme savoir. Plus la

---

[22] Jacques-Alain Miller, „La suture (Eléments de la logique signifiante)", *Cahiers pour l'Analyse*, 1966, p. 45.

violation du virginal se fait scandaleuse, plus apparaît centrale la signification de la virginité dans la constellation de la vérité métaphysique, jusqu'à accentuer les aspects religieux et moral de cette «vertu» qui cache absolument sa propre violence au regard du viol originaire. Ce qui est communément célébré comme la vertu idéale est donc en réalité le viol de cette même vertu.

Au lieu d'attenter le discours de cette violence, *Hérodiade* reste en état d'échec. Faire apparaître la virginité comme le zéro nombre par lequel passe la conceptualisation du virginal non-conceptualisable: *Hérodiade* fragmentée montre l'impossibilité d'une pareille entreprise.

c. Du moment suspendu à l'ouverture au suspens.

Tout en cachant le moment suspendu, les premiers poèmes en prose le font apparaître comme zéro nombre, opération qui assure la fermeture de la production du sens. Dans *Un Spectacle interrompu*, le zéro nombre est la scène représentative soutenue par la méconnaissance de la foule, qui s'intercale entre le non-sens du moment suspendu (zéro manque) et la production du sens (la série des nombres). *Le Phénomène futur* (O.C., p. 269) crée la même scène représentative d'une méconnaissance sans pourtant fournir aucune indication qu'elle ne soit qu'un tenant-lieu du manque absolu. La ,,malheureuse foule" ne reconnaît pas la beauté de la ,,Femme d'autrefois". Leur méconnaissance est d'autant plus horrible que ,,se rappelant leurs pauvres épouses, chauves, morbides et pleines d'horreur, les maris se pressent: elles aussi par curiosité, mélancoliques, veulent voir".

La beauté exhibée est toute virginale, bien que nous ne le sachions que par des déductions textuelle et biographique: a) en faisant de la foule une assemblée de maris et d'épouses ,,enceintes des fruits misérables avec lesquels périra la terre", le récit oppose radicalement à des êtres sexuels, usés et ravagés par ,,la maladie immortelle", une femme à la ,,chair heureuse" et ,,aux jambes lisses qui gardent le sel de la mer première"; la valeur symbolique de cette description s'allie au concept de la virginité; b) conçu en novembre/décembre 1864 le poème date de la période des premières réflexions sur *Hérodiade* dont la langue remplit l'auteur „avec terreur" (O.C., p. 1440). Nous discernons donc dans la „Femme d'autrefois" la même préoccupation avec la figure virginale que dans *Hérodiade*, à l'aide d'un discours qui, néanmoins, ne se permet aucune ouverture à la terreur.

Sans terreur, cela veut dire que le regard johannique peut toucher la vierge, que le sujet peut aboutir à la connaissance de la virginité. La vierge devient donc la victime émissaire, la „forme différée" (Girard) qui garantit la survivance de la culture et du „privilège authentique de l'Homme", du *logos*. Dans „le monde qui finit de décrépitude" les hommes ne reconnaissent pas la beauté-victime et restent „indifférents, car ils n'auront pas eu la force de comprendre". La méconnaissance de l'indifférence est directement liée à la perdition mortelle de la terre dont les habitants ont oublié la différence qui gît dans la beauté. Même ceux qui „navrés et la paupière humide de larmes résignées se regarderont", oublient „la noble créature" parce qu'en se regardant ils ne voient que leurs doubles indifférenciés. Dans ce regard résigné la crise de l'indifférenciation arrive à son paroxysme, tandis que les poètes rejettent la non-reconnaissance de cette assemblée d'êtres morts, en suivant le boniment du „Montreur" de la Femme. Ils lisent et comprennent son texte et reconnaissent — voient la beauté virginale. Cette connaissance valorise la Femme comme victime ce qui assure la production du sens, en l'occurence l'appréciation de la Beauté.

Mais puisque, par son discours, le Montreur a déjà violé le virginal, celui-ci manque d'ores et déjà au texte, le Montreur ne „montre" le zéro qu'„entendu comme zéro nombre". Mais nous avons ci-dessus soulevé la problématique du virginal qui ne peut jamais apparaître comme zéro nombre sans en même temps s'anéantir. Il s'ensuit que la „Femme d'autrefois" n'est jamais adéquate à Hérodiade en tant que vierge; et cela éclaire pourquoi, au niveau du récit, la figure féminine du *Phénomène futur* est absolument différente de la princesse d'*Hérodiade*.

Le récit du *Phénomène futur* est divisé en deux paragraphes. Le premier est un texte opaque et non-réflexif où le Montreur met en circulation le sens: il montre la Femme. En tant que discours clos il n'y a pas de possibilité d'ouverture au suspens. Le second paragraphe, cependant, est la scène de l'auto-réflexion textuelle: d'abord faisant partie liée avec la méconnaissance de la foule, „les poètes" secouent le non-sens et se mettent à part; sentant se rallumer leurs yeux éteints, ils se sentent engendrés par le „Rythme" comme sujets producteurs du sens; „ils s'achemineront vers leurs lampes"; ils se différencient et deviendront poètes. Mais ce paragraphe met au futur aussi bien le rejet du non-savoir et de l'indifférenciation, que la production du savoir. De cette façon, la partie auto-réflexive du texte où s'engendrera la production du sens est contrôlée par le présent où circule déjà le sens. „La Femme d'autrefois ..." du texte opaque n'est donc en réalité pas encore produite, le Montreur met en circulation un passé qui attend encore son engendrement poétique futur.

La „hantise du Rythme" et „l'ivresse de gloire confuse" suggèrent la radicalité potentielle de l'auto-réflexion et promettent ainsi la possibilité du dévoilement futur d'un moment suspendu. Ce mystère ne menace nullement le texte du *Phénomène futur* dans sa présence intégrale. La possibilité de l'ouverture au suspens est, par contre, un «phénomène futur»: a) ce sera *Hérodiade*, oeuvre devant être écrite, mais jamais lue et jamais produite intégralement; b) c'est le titre du poème en prose, décapité et expulsé du texte qui se réjouit de sa pleine maîtrise et de sa présence ininterrompue. Le moment suspendu est ainsi expulsé et tout caché.

La même fermeture rassurante s'exhibe dans les autres poèmes en prose de la même période. *Plainte d'automne* (O.C., p. 270) est particulièrement fermé, pour ainsi dire, parce que l'auto-réflexion du texte reste cachée jusqu'à la dernière phrase où l'on apprend que le désir de solitude, sujet du poème dès le début, n'est que le produit d'un rejet net du monde, qui permet après coup de créer les réflexions qui tissent ce récit. L'orgue de Barbarie porte la parole remémorée des funérailles de Maria, l'être différé qui est la «victime». Ne pas reconnaître cette parole, comme en témoigne „la gaîté au coeur des faubourgs", ce serait ne pas reconnaître la victime. Ne pas reconnaître la valeur unique et différée de l'orgue, comme en témoigne la possibilité d'autres instruments et d'autres voix accompagnatrices, ce serait ne pas reconnaître la „forme différée" (Girard) symbolique de la possibilité du sens. Ce double non-savoir est facile à maîtriser à partir de son rejet. Rien n'est laissé en suspens. Le simple refus d'agir — ouvrir la fenêtre et lancer un sou — exclut le monde et produit la valeur de la victime du même coup.

Le sacrifice de la victime engendre clairement un certain savoir que nous retrouvons dans le discours particulier de ce poème. Son texte se compose de la réflexion sur le rapport entre la mort et le savoir. C'est donc une réflexion interne sur le *theos*. Mais comme auto-réflexion, elle manque une certaine qualité radicale parce qu'elle refuse de tourner son regard vers l'origine violente de son savoir d'où elle puise la valeur de la mort sacrificielle. Le non-sens comme force occultée qui engendre la possibilité du sens est complètement caché sous le travail du rejet de ce même non-sens. Le produit du travail, le discours de *Plainte d'automne*, met en circulation ce rejet dès le début sans tenir compte − en raison de l'imperfection de son jeu auto-réflexif − de ce qu'il voile. Aussi dénie-t-il sa propre violence et se présente-t-il comme texte dont la prétendue innocence n'est interrompue par aucun moment suspendu.

La même innocence régit le texte de *La Pipe* (O.C., p. 275). Le rôle de l'orgue y est joué par la pipe, porte-parole d'un sombre hiver passé et d'une pauvre bien-aimée errante dont le monde ne reconnaît pas la valeur, mais qui gagne d'autant plus de valeur pour le moi-sujet qu'elle attire sur elle-même le refus du monde (le chapeau jeté et déchiqueté) et en retrouve la valeur. Au niveau narratif, c'est la bouffée de la ,,grave pipe" qui engendre le processus de production du sens, tout en rejetant le monde (,,jetées les cigarettes avec toutes les joies enfantines de l'été") qui ignore le sacrifice de la pauvre bien-aimée.

Le sacrifice est aussi visible dans *Frisson d'hiver* (O.C., p. 271). Encore fortement autobiographique, le poème renforce la correspondance du jeune Mallarmé qui parle de Maria comme d'une personne écartée du monde, étrangère loin de sa patrie, et victime de sa pauvreté humiliante. J.-P. Richard utilise ces données biographiques pour décrire la Maria de *Frisson d'hiver* comme la femme fanée (*L'univers imaginaire ...*, p. 66-67) qui cadre parfaitement avec le monde intérieur de la vieillesse et de la ,,poussière du temps" (*Le Phénomène futur*). Dans le contexte de notre perspective, elle apparaît toujours comme la femme qui est vierge et victime, qui n'est pas reconnue comme telle par le monde extérieur dont le bruit ignore le ,,calme enfant". Seul le moi-sujet la reconnaît en s'identifiant avec elle dans leur peur partagée des ,,objets neufs (...) avec leur hardiesse criarde". En rejetant le monde extérieur, il produit le sens de l'espace intérieur et du décor qui le compose. Ainsi la pendule de Saxe, la glace de Venise et les autres objets tant fêtés par les critiques, ne constituent-ils que les éléments du sens mis en circulation et n'introduisent-ils, à nos yeux, aucune innovation. S'il y avait une possibilité de suspens, ce serait la vision hypothétique d'un fantôme nu dans le miroir, hypothèse très vite cachée et détruite par le reproche: ,,Vilain, tu dis souvent de méchantes choses''.

Ce qui ressemble à l'enkystement d'un moment particulier visant peut-être un moment suspendu — le «récit» des toiles d'araignées —, est, au contraire, un piège spécifique à ce poème. Tandis que Franklin (*Anatomy of Poesis*, pp. 40-51) et Richard (*L'univers imaginaire*, p. 67) essaient d'intégrer cette parenthèse trois fois répétée dans le message même du poème, nous y discernons, au contraire, un autre texte rigoureusement exclu du récit de ce poème et contrôlé par les parenthèses. Ce texte expulsé semble plutôt avoir affaire au *Démon de l'Analogie*: les ,,singulières ombres'' se précisent en des toiles d'araignées qui commencent à trembler et enfin à grelotter. A ce moment elles ressemblent aux lambeaux maudits de la phrase absurde du *Démon de l'Analogie*, après avoir parcouru la même chaîne de métaphores visuelle, tactile et enfin auditive. Car le tremblement suggéré par le verbe «grelotter» renvoie aussi bien à l'idée de frisson qu'à celle de sonnerie, ce que les autres critiques ne relèvent jamais. De cette façon le moi-sujet qui est sur le point de parler à sa compagne, la trouve distraite par un autre bruit:

> ,,Je te parlerai de nos meubles .... Tu es distraite? (Ces toiles d'araignées grelottent au haut des grandes croisées.)''

Ce qui prépare une irruption potentielle du discours avec la menace d'une subversion par le non-sens, est écarté, comme une simple digression, du discours qui s'appelait d'abord *Causerie d'hiver* et n'y joue même pas comme moment enkysté. C'est un discours tout à fait différent, entre parenthèses, qui ne contribue en rien à la production du sens — à la différence du rôle joué par le moment suspendu et enkysté dans *Un Spectacle interrompu* —, jusqu'à ce qu'il retrouve sa juste place dans *Le Démon de l'Analogie*. Ce n'est qu'en 1875, au moment où il compose *Un Spectacle interrompu*, que Mallarmé en vient à proposer le nouveau titre de „Frisson d'hiver", mais le discours ne perd rien de son contrôle et reste intact, le frisson des toiles d'araignées n'étant répété que dans le titre. Au contraire, le nouveau titre invite à faire participer ce qui est mis entre parenthèses à la simple circulation du sens: les toiles d'araignées tremblent dans la bise hivernale qui secoue la fenêtre, ainsi répétant le thème de la froideur du poème; elles pendent aux vitres usées et font donc partie de la scène des vieilles choses fanées, réseaux collecteurs de la poussière du temps, comme le sait toute bonne ménagère. Elles participent ainsi au sens, et se mettent à «signifier logiquement», ménageant ainsi un leurre dans lequel tombe l'interprétation critique. Leur vrai travail ne surgit que dans *Le Démon de l'Analogie* où leurs fils deviennent les cordes d'un instrument et leur „grelottement" les lambeaux maudits et errants d'une absurde phrase subversive. Mais cette puissance a-logique est complètement cachée dans *Frisson d'hiver*.

A la différence de la structure assez emboîtée du poème précédent, *Pauvre Enfant pâle* (O.C., p. 274) est la présentation la plus claire de la production du sens. L'enfant est la victime sacrificielle dont l'histoire de la tête qui „semble vouloir partir (des) épaules" rappelle *Cantique de Saint-Jean* et la figure johannique de la victime émissaire dans le théâtre d'*Hérodiade*.

> „On te rendra mauvais et un jour tu commettras un crime."
> . . . .
> „Tu paieras pour moi, pour ceux qui valent moins que moi."

Mais le monde ne reconnaît pas la valeur de cette victime émissaire: sa chanson ne traverse pas les volets des premiers étages, „pas un sou ne descend dans le panier...". C'est le poète-narrateur qui rejette totalement la non-reconnaissance du monde et rétablit la valeur de l'enfant au delà de sa simple existence mendiante. Il est la victime qui sacrifie sa tête pour que sa chanson soit écoutée; il est l'être différé — „petit homme qui s'en va seul par la vie et, ne comptant sur personne, travaille pour soi" — qui devient le catalyseur pour le monde logique et civilisé derrière les „lourds rideaux de soie incarnadine". Il paiera „pour moi, pour ceux qui valent moins que moi". Dans la figure de l'orphelin nous voyons déjà le double portrait du poète lui-même, d'une part celui qui travaille „pour soi" en se distançant du monde des journaux et de la parole brute, pour gagner son «pain», c'est-à-dire trouver sa vision poétique; d'autre part il se sacrifie et s'efface pour qu'un sens se produise. Rien dans le poème ne trahit le travail violent d'une expulsion à partir de laquelle le discours se constitue dans sa réflexion interne et exclusivement préoccupée d'une perspective sur le *theos*, de façon à ce que le „pauvre enfant pâle" du début se dévoile à la fin dans son rôle sacrificatoire: „Oh! pauvre petite tête!"

Cette réflexion se répète dans *Réminiscence* (O.C., p. 278), continuée sur le même thème de l'orphelin. Il y a, cependant, un développement dans l'histoire de ce poème qui importe pour la visée de notre entreprise. Ecrit en 1864, le poème porte le titre „L'Orphelin" et appartient entièrement au premier groupe des poèmes en prose, en ce que ce premier texte est tout à fait intégral. La production du sens y est ininterrompue et bouclée. La version ultérieure, au contraire, représente un texte si différent du premier que Mallarmé lui-même l'a rangée, dans les recueils de *Pages* (1891) et *Divagations* (1896), parmi les poèmes du deuxième groupe, nous donnant ainsi raison d'y soupçonner une brisure du cercle fermé de la logique discursive.

La comparaison des deux versions découvre un moment qui constitue l'affaiblissement du contrôle exercé par le discours, vers une ouverture qui permet d'entrevoir l'espace de l'exclusion. D'abord la version de *L'Orphelin:*

> „L'enfant (...) mangeait, sous la forme d'une tartine de fromage blanc, les lys ravis, la neige, la plume des cygnes, les étoiles, *et toutes les blancheurs sacrées des poètes*: Je l'eusse bien prié de m'admettre *à son repas* si je n'avais été si timide, mais il le partagea avec un autre qui vint brusquement (...). (L'autre) *mordit encore dans la tartine* du plus jeune enfant qui ne parlait pas." (O.C., p. 1559)   (Nous soulignons)

Et les lignes correspondantes dans la version définitive:

> „Je souhaitais de parler avec un môme (...) qui rentrait en soi, sous l'aspect d'une tartine de fromage mou, déjà la neige des cimes, le lys *ou autre blancheur constitutive d'ailes au-dedans*: je l'eusse prié de m'admettre à *son repas supérieur*, partagé vite avec quelque aîné fameux jailli contre une pro-

che toile en train des tours de force et banalités alliables au jour. Nu (...) (l'aîné) *de mordre au régal chaste* du très jeune (...)."

(Nous soulignons encore)

Dans la première version, on peut élaborer la non-reconnaissance du monde („l'autre") et le rejet de ce non-savoir (l'orphelin espérant le partage du repas à la place de „l'autre") à travers la valorisation de la victime-orphelin (l'orphelin n'est pas admis au repas). Le savoir obtenu serait la vision d'une poétique à venir — sous la forme d'une tartine. Tout est logiquement repris dans le discours: ce que le monde entend comme une pure consommation vide de signification, le poète le récupère entièrement dans la production du sens: il ne faut plus convoiter le pain du monde mais s'en aller „tout seul" chercher les „blancheurs sacrées des poètes", les blancheurs qui ont été déterminées et identifiées avant d'être avalées.

Ce discours, ou plutôt la logique de ce discours est interrompue dans la seconde version, où la valorisation de l'orphelin comme victime rejetée par le monde devrait aussi établir le poète futur qui produira le sens de la beauté: „toutes les blancheurs sacrées". Mais cette valorisation suscite un sens devant inclure la possibilité de quelque chose d'irrécupérable: outre les blancheurs sacrées, propriété des poètes, advient la possibilité d'une „autre blancheur" encore non-appropriée; celle-ci est la représentation énergétique d'une production („constitutive d'ailes au-dedans"), qui, de plus, est avalée par le monde rejeté. Cette blancheur constitutive d'une production poétique est ainsi expulsée dans le non-savoir.

Ainsi le sujet-poète reconnaît-il dans l'espace de l'exclusion les conditions propres à son travail producteur du sens. Il y reconnaît un „repas supérieur" et un „régal chaste" dont la vision même cerne l'incompréhensible du moment suspendu. Cette fois-ci le discours ne peut pas s'approprier la blancheur parce que sa propre production dépend d'elle; mais elle est avalée par le monde expulsé. Le discours re-couvre ce moment irruptif en insistant sur l'exclusion de l'orphelin-victime hors du monde des autres enfants. Il réfléchit sur la valorisation du statut de cet orphelin tout en rejetant le monde. Plus l'orphelin soupire „déçu tout à coup de n'avoir pas de parents", plus le discours implique la condamnation du monde qui le fait soupirer.

Mais le texte réprime le soupçon d'une constitution de la logique narrative par le truchement du rejet[23].

Tandis que *Réminiscence* sert comme une sorte d'introduction à la série des derniers poèmes en prose, ceux-ci s'ouvrent de par leur auto-réflexivité radicale à une condition générale de suspens et ne reculent plus devant le problème de la violence inhérente à leur logique discursive.

Dans *La déclaration foraine* (O.C., p. 279) la double perspective théo-logique est encore nettement séparée. Au lieu d'une „imbrication" du *logos* et du *theos*, comme dit G. Bucher[24], il s'agit ici d'une séquence naïve des réflexions sur le *theos* et sur le *logos*. Nous suivons d'abord le discours du *theos* dont le travail porte sur la production du sens, une fois que le personnage a renoncé, à contrecoeur, à „la solitude manquée" du silence savouré dans la voiture. Tout concourt à nous faire suivre la sortie hors du silence de la voiture, pour que le poème puisse naître. Les conditions de cette sortie — l'audience, son attitude méfiante et inconstante, la violence possible résultant du sentiment d'„être refait", le rejet de cette atmosphère par le compagnon de la dame qui est la cible de la non-reconnaissance de la foule, — tout vise le mécanisme sacrificiel dont le fonctionnement catalyse la production du sens. Ce sens cerne, non pas l'exégèse du poème rimé au milieu du texte, mais les conditions de son engendrement, c'est-à-dire la question portant sur le mode de constitution du discours à partir du silence, et se précise dans „l'explication" que le moi-sujet avance sur la „vivante allégorie".

De cette manière, conformément au boniment du Montreur du *Phénomène futur*, conformément aussi au discours de l'ours-homme dans *Un Spectacle interrompu*, le discours réussit à ménager l'interruption „en coupant court à (l') ébahissement de ce congé (la fin du

---

23 J.-P. Richard a bien souligné la différence des deux versions de *Réminiscence*, sans pour autant reconnaître la double perspective théo-logique qui s'ouvre dans la version définitive: „Ce blanc *s'intériorise*; il devient au dedans ailes, source d'essor: dans la version de 1867, nous ne trouvions aucune mention de cette constitution intime (...) d'ailes." (*L'univers imaginaire*, p. 332, l'auteur souligne.)

24 G. Bucher, „*Le mythe chrétien comme mythe absolu*", p. 5.

poème rimé) par une affectation de retour à l'authenticité du spectacle". Suit un discours réfléchissant sur le poème, qui n'a, cependant, rien à voir avec le poème mais plutôt avec la mise en scène de son sens. C'est précisément le „suspens de marque appréciative", réaction des spectateurs à *ce* discours, qui exprime une non-reconnaissance d'autant plus remarquable qu'elle est soulignée par quelques „confondants" bravos qui brouillent plus qu'ils ne font comprendre.

C'est précisément le rejet de cette non-reconnaissance qui fonde la logique du discours (et pas du poème rimé). Car à la remarque de sa compagne qu'elle a „dans l'esprit le souvenir de choses qui ne s'oublient" le sujet riposte: „Oh! rien que lieu commun d'une esthétique...". Là où sa compagne parle du poème, le sujet, au contraire, guide délibérément sa réponse vers le fait que le lieu commun et vulgaire d'une foire dont on combat l'hostilité et le caprice d'un intérêt éphémère par un discours logique est le lieu fondateur d'une science du Beau: l'esthétique.

C'est ici que se ferme la perspective du *theos* et s'ouvre enfin celle du *logos*. Car la dame reprend le mot-clé de l'esthétique et en restaure la signification étymologique de «sensibilité» jusqu'à y soustraire toute couche intelligible: „ceci jaillit, forcé, sous le coup de poing brutal à l'estomac, que cause une impatience de gens auxquels coûte que coûte et soudain il faut proclamer quelque chose fût-ce la rêverie ...". Ce qui se passe dans le «dialogue» qui termine le poème en prose, est la réflexion du *logos* sur lui-même, qui, sous le déguisement de deux voix logiques, essaie de cacher la perte de son contrôle sur l'unicité de son discours. Au lieu d'une explication logique, le discours admet que sa proclamation poétique, déjà proposée comme une rêverie, „s'ignore et se lance nue de peur, en travers du public". Dans son ignorance de soi-même, cette proclamation perd sa certitude-de-soi et son identité, elle perd le cadre référentiel du même et de l'autre, vraie cause de cette peur qui gisait, mal comprise, dans le discours dès la descente de la voiture. Elle s'épanouit enfin dans le *topos* du non-savoir, — „en travers du public" —, qui n'est plus simplement l'Autre du Même.

Nous voyons ici les premiers indices du poème rimé entendu comme zéro manque, comme une cristallisation du „non-identique à soi". D'abord rassuré dans son rôle de „tenant-lieu suturant du manque", le discours logique („Je vous ferai observer (... etc.)") s'effondre à partir de sa propre auto-réflexion obstinée qui défait la suture en l'examinant. Car il arrive à la conclusion que le poème serait demeuré hors de l'entendement, „malgré sa réduplication sur une rime du trait final, mon boniment d'après un mode primitif du sonnet, je le gage, si chaque terme ne s'en était répercuté jusqu'à vous par de variés tympans, pour charmer un esprit ouvert à la compréhension multiple".

Ainsi, le discours refuse après coup la vérité de sa propre parole exégétique, voire la rédaction soigneusement élaborée „sur une rime du trait final". Il admet, au contraire, la nécessité du passage à travers l'espace du non-savoir („par de variés tympans", ce qui est adéquat, selon U. Franklin, à „en travers du public") qui ne suscite qu'un discours hétérologique („la compréhension multiple"). Pour que cet aveu ne devienne pas, à son tour, un nouveau discours logique, le sujet *parie* sur sa validité, incapable de soustraire sa parole aux hasards du non-savoir; et la partenaire de ces réflexions dialoguées à suivre par un „Peut-être!".

A la différence du moment suspendu d'*Un Spectacle interrompu* où le mystère du non-savoir reste enkysté, le poème rimé de *La déclaration foraine* envahit le discours et subvertit ensuite sa logique. Rien n'est laissé à l'affirmation à la fin, rien n'est jamais affirmé tout au long du poème en prose. Celui-ci ne parle jamais du mystère du poème rimé qui «est là» comme le zéro manque; il ne parle que de sa production à partir de l'identification de l'autre. Mais une fois l'autre découvert dans les „variés tympans", c'est-à-dire dans les multiples réactions de la foule qui „répercutent" le poème rimé et tracent ainsi le zéro-nombre qui donne figure et corps au manque, le discours ne peut continuer sans l'autre. Il doit donc accepter l'autre dans le cercle fermé du même pour ne pas tomber dans l'oubli absolu de sa raison d'être qui est de formuler le cadre du poème „La chevelure vol d'une flamme".

L'autre et le même deviennent ainsi indifférenciés; le cercle du *logos* qui se ferme toujours sur le Même, se brise et se dissémine sur une scène d'échange entre sens et non-sens. Le poème rimé est ainsi le moment suspendu du poème en prose où la suspension du sens devient une condition générale. Toute l'explication soigneusement détaillée de la production du sens s'écroule, ne laissant vers la fin que le retour à la voiture et à son silence, où le sujet est exempt de „l'effort à proférer un vocable". Entre le silence initial et le désir de le regagner vers la fin, s'insinue une production du sens qui ne réussit pas. Très proche de ce qui se passe, ou ne se passe pas, dans *Le Démon de l'Analogie*, le poème est néanmoins doué d'un sujet qui, au lieu de „s'enfuir bizarre", se dédouble afin de se rassurer d'une identité et d'un „peut-être", résidu pitoyable d'un contrôle qui est en train de disparaître.

Ce processus se poursuit dans *Le Nénuphar blanc* (O.C., p. 283). Antérieur à *La déclaration foraine*, le poème constitue cependant un pas en avant vers l'ouverture complète au suspens, vers l'extra-scénique qui s'impose de plus en plus comme le seul moment possible d'évocation fugace de la production du sens. Dans sa structure sous-jacente similaire à celle d'*Hérodiade*, il ne s'agit plus seulement d'une irruption du suspens au milieu du discours logique, mais plutôt d'une condition de suspens initiale et généralisée, de sorte que la perspective du *theos* visant à éclairer la production du sens ne s'installe que secondairement et comme une pure possibilité de recherche.

Mais nous avons déjà suivi une autre voie de recherche: le retour incessant de Mallarmé à *Hérodiade*, le recueil final de „déchets". Ainsi nous proposerons de voir dans *Le Nénuphar blanc* une mise en scène poétique de cette autre recherche avortée. Comme tel son texte auto-réflexif doit par force s'occuper de la perspective du *logos* et de sa mise en cause dans le statut du fragmentaire. En ce sens, l'allure auto-biographique du récit est soutenue par une autre réflexion, authentiquement auto-biographique cette fois-ci, qui concerne la biographie d'une parole logique (le théâtre d'*Hérodiade*) et de sa violence inhérente. Pour la première fois, en ce qui concerne les poèmes en prose, nous pouvons dire que nous confrontons ici la pratique poétique de Mallarmé: la mise en scène du *logos* fragmenté, dépouillé des derniers vestiges de maîtrise ou de force théorétique.

En ce sens aussi, le poème est un texte-limite, parce que de prime abord, il accepte d'être mis en question précisément à partir de la poursuite des conditions d'une production potentielle de sens. Nous considérons *Le Nénuphar blanc* comme la pierre angulaire de la liaison intime entre les fragments d'*Hérodiade* et *Un Coup de dés*, parce que d'un côté il refuse de lire le mystère et de lui donner les contours déterminés d'un seul visage :

> „Si vague concept se suffit : et ne transgressera le délice empreint de généralité qui permet et ordonne d'exclure tous visages, au point que la révélation d'un (n'allez point le pencher, avéré, sur le furtif seuil où je règne) chasserait mon trouble, avec lequel il n'a que faire".

D'autre part, le récit du refus même n'est qu'un „imaginaire trophée".

D'une part ce poème en prose achève *Hérodiade* en donnant forme au refus mallarméen de toucher au mystère de la virginité et de continuer ainsi la violence du *logos*. Les conditions de production du sens sont examinées et jugées inefficaces; le fragmentaire d'*Hérodiade* est ainsi exonéré parce qu'on a affaire ici au rêve et non plus au *logos* : „Conseille, ô mon rêve, que faire?". D'autre part, afin que le tracement du zéro ne devienne pas trop distinct et ne s'achève pas sur sa conceptualisation comme nombre, le récit du refus ne se dévoile que comme imaginaire et gonflé de vacance, un pur zéro manque dans le néant duquel disparaissent enfin et le sujet et son discours :

> „Mon imaginaire trophée, qui ne se gonfle d'autre chose sinon de la vacance exquise de soi qu'aime, l'été, à poursuivre, dans les allées de son parc, toute dame, arrêtée parfois et longtemps, comme au bord d'une source à franchir ou de quelque pièce d'eau."

Mais le moment pivotant où les perspectives du *theos* et du *logos* „s'imbriquent" ingénument, est sans doute la seule phrase :

> „Toute je l'évoquais lustrale."

Allusif de la purification et par là du sacrifice, l'adjectif rappelle en même temps le lustre mallarméen auquel s'associent le gaz suspendu aux hauteurs de la salle (*Un Spectacle interrompu*), la grappe vide que le Faune lève au ciel comme une bulle à remplir de son souffle (*L'Après-midi d'un Faune*), et le „noble oeuf de cygne, tel que n'en jaillira le vol" et qui est l'imaginaire trophée du sujet du *Nénu-*

phar blanc. L'acte d'„évoquer" s'arrête net au travail du discours, tout en invoquant magiquement le mystère.

Ainsi lisons-nous après tout un poème, *Le Nénuphar blanc*, dont le sens, cependant, se retire tout comme le sujet qui ne sait plus souffler dans la blancheur creuse du nénuphar enveloppant „un rien, fait de songes intacts, du bonheur qui n'aura pas lieu et de mon souffle, ici retenu dans la peur d'une apparition". Menacé auparavant par la tentative d'*Hérodiade*, le mystère virginal s'éclôt enfin, intouché, dans „la vacance exquise de soi".

d. *Perversion et gloire.*

Dans la suite des poèmes en prose, *L'Ecclésiastique* (O.C., p. 286) choque par un brusque changement apparent de thème glissant vers la perversion. Franklin parle même d'un acte d'exorcisme qui libérerait la vision du poète-prêtre de toute affinité avec l'image habituelle du „socially-sanctionned priest figure" (*Anatomy of Poesis*, pp. 157, 201). Nous souscrivons à cette interprétation jusqu'à un certain point seulement parce qu'elle se borne au niveau superficiel du récit sans effectuer l'examen de la couche sous-jacente.

La vraie perversion porte sur la perspective du *logos* qui est ici entamée d'une manière étonnante. A l'encontre des premiers poèmes qui s'aveuglent sur la violence logique, et des derniers qui subissent le questionnement acharné de leur propre vérité logique jusqu'à son effondrement, nous sommes ici face au *logos* qui *se sait* violent et qui persiste, presque joyeusement à travers la fine ironie du narrateur, dans sa violence constitutive. C'est cette violence «dédoublée» qui prête à *L'Ecclésiastique* un air de perversité.

La production du sens est vite tracée: le séminariste est la «victime» (l'être différé, ayant succombé aux „altérations" de sa spiritualité). Le monde ne le reconnaît pas dans son état différant (un célibataire qui cherche à prendre „contact avec la Nature" et répond „aux sollicitations du gazon"). Cette non-reconnaissance s'exprime par le „faux scandalisé" qui saisirait un caillou pour lapider le pécheur. Le sujet rejette la non-reconnaissance en refusant de devenir „coupable à l'égal d'un faux scandalisé" et détourne son regard qui aurait produit „une rougeur sur le visage à deux mains voilé de ce pauvre homme". A partir de ce rejet le sujet poursuit la création de l'apparition imaginaire de la rencontre entre l'être spirituel et la nature, et produit ainsi le sens de cette scène absolument délivrée de tout acte punitif. La valeur virginale de la «victime» est ainsi établie, malgré les connotations érotiques de la scène et paradoxalement à cause d'elles. L'ecclésiastique peut donc être considéré à la fois identique et contraire à la figure d'Hérodiade.

Mais „le héros de ma vision" rentre, „inaperçu, dans la foule, et les habitudes de son ministère". Ce n'est pas seulement le jeune curé du conte qui rentre; le héros du sens produit, lui aussi, retombe dans le non-savoir; comme auteur du sens le sujet „ne songe à rien nier", il reconnaît donc la perte de la différence entre le même (la vérité de son héros) et l'autre (le monde scandalisé), il accepte la possibilité de suspens pour son discours logique. S'y soumettre, cependant, signifierait la perte du regard johannique de ce narrateur-promeneur qui a violé le mystère virginal de la scène printanière aussi sévèrement que ne l'aurait fait le monde scandalisé condamnant l'ecclésiastique comme pécheur. Se soumettre à la suspension de sa parole signifierait renoncer à la violence qui marque l'opposition du même et de l'autre.

A ce point le poème est aussi accueillant au mystère que *Le Nénuphar blanc*: le sujet pourrait choisir de n'emporter qu'un „imaginaire trophée qui ne se gonfle d'autre chose sinon de la vacance exquise de soi". Mais au lieu de se contenter de résumer „la vierge absence" (*Le Nénuphar blanc*) qui déconstituerait son discours du même et de l'autre, le *logos* insiste expressément sur son activité violente:

> „Mais j'ai le droit de ne point considérer cela. Ma discrétion vis-à-vis d'ébats d'abord apparus n'a-t-elle pas pour récompense d'en fixer à jamais comme une rêverie de passant se plut à la compléter, l'image marquée d'un sceau mystérieux de modernité, à la fois baroque et belle?"

En face de sa propre mise en cause, la parole logique réclame son droit de produire le sens, seul chemin qui lui permettrait de sonder le mystère du non-sens. Le *logos* se rebelle donc et insiste sur sa validité en face de son statut suspendu.

C'est précisément cet enchevêtrement du savoir et du non-savoir qui permet aux poèmes en prose d'éviter l'échec du projet d'*Héro-*

diade. Mais après l'ouverture éclatante du *Nénuphar blanc*, le recul sur le terrain ferme du *logos* ressemble à un geste corrompu.

Dans „la modernité baroque" — à la fois ouverture au mystère du non-savoir et étrange obstination de clôture — nous voyons le spectacle du *logos* dénaturé qui se ferme sur son innocence tout en réfléchissant sur sa propre violence. Au niveau du récit, cette perversion trouve son expression dans le conte d'un comportement choquant de la part d'un ecclésiastique. Mais l'effet de choc contribue davantage à la suspension du *logos* et à l'attraction de ce poème: la modernité à la fois baroque et belle. Le *logos* perverti est justement la condition de possibilité du suspens, recul possible vers le zéro manque.

Nulle part dans les poèmes en prose, la double perspective théo-logique est-elle aussi proche de la surface et s'exprime-t-elle aussi clairement par le récit que dans *La Gloire* (O.C., p. 288). Ici le sujet devient lui-même l'être différé qui garantira la production du sens par son «sacrifice» de la promenade solitaire. Le monde ignore la nature sacrée de son entreprise, le cri du chef de gare interrompt la rêverie sur le mystère du bois de Fontainebleau. Le prêtre-victime veut littéralement imposer silence à ce monde caractérisé par l'indifférence, afin qu'éclate son discours sur „l'extatique torpeur de ces feuillages là-bas". Son rejet du monde de non-reconnaissance va même jusqu'à l'idée d'acheter son silence.

Dans cette atmosphère de violence logique marquant l'autre comme *topos* du non-savoir, arrive un instant d'hésitation qui concède à l'autre une certaine „intégrité". Puis un „uniforme inattentif m'invitant vers quelque barrière, je remets sans dire mot, au lieu du suborneur métal, mon billet." Or, dès ce moment — suspendu, si l'on veut, dans l'indécision — le sujet poursuit un discours qui demeure ouvert jusqu'à la fin à la double perspective théo-logique.

Car une fois le *logos* devenu complice du non-sens, le sujet conscient de son rôle sacerdotal et constitutif d'un sens neuf et ingénu de l'humanité, ne rejette, cependant, jamais plus cet autre qui se brouille avec le même, ne serait-ce que par une négation conjecturale:

„Obéi pourtant, oui, à ne voir que l'asphalte s'étaler net de pas, car je ne peux encore imaginer qu'en ce pompeux octobre exceptionnel du million d'existences (...) aucun furtivement évadé que moi n'ait senti qu'il est, cet an, d'amers et lumineux sanglots, mainte indécise flottaison d'idée (...)".

A partir du moment où il renonce à faire taire le monde, c'est-à-dire le long des deux derniers paragraphes, nous lisons un texte qui se trouve incapable de nettement distinguer le même et l'autre, de discerner les espaces topiques du sens et de l'exclusion. C'est un texte suspendu: le *logos* ne peut plus s'imaginer seul à sentir „mainte indécise flottaison d'idée", il doute de son unicité; la vérité du Même commence à s'écrouler.

Lorsqu'enfin il se voit seul, après tout, sur le quai de la gare, le train emportant les autres, le sujet se suspend lui-même aussi que sa mission sacrée dans un futur antérieur qui déconstitue la présence rassurante de sa logique et lui promet, en revanche, l'ouverture au mystère de „tous rêves antérieurs à leur éclat": c'est „l'universel sacre de l'intrus royal qui n'aura eu qu'à venir". Sublimés dans le sacre d'une forêt d'automne, le sujet et son discours sont suspendus dans le mystère de leur propre origine.

Le cri du chef de gare a d'abord déclenché la discorde entre la nature et la rêverie sur elle du sujet promeneur „recueilli dans l'abstruse fierté que donne une approche de forêt en son temps d'apothéose". Cette crise entraîne, à son tour, une crise de l'humanité s'opposant au sujet dont elle ne comprend pas la parole logique.

Seul le sacre mystérieux dans la forêt „d'immortels troncs" constituera le sujet comme poète qui, figure solitaire et dépourvu de la vérité de son *logos*, cherchera la réconciliation de la nature et de l'humanité dans la source mystérieuse de son propre engendrement.

Chapitre IV

La Pratique mallarméenne

UN COUP DE DÉS

> „Warum ist z.B. in unseren höheren Schulen die Behandlung und Auslegung der Dichter seit Jahrzehnten so trostlos? Antwort: Weil die Lehrer nichts wissen vom Unterschied zwischen einem Ding und einem Gedicht, weil sie Dichtungen wie Dinge behandeln, und dies, weil sie nie durch die Frage hindurchgegangen sind, was denn ein Ding sei".
> (Heidegger: Die Frage nach dem Ding)

I. Le projet poétique.

Le professeur de lycée qu'était St. Mallarmé a bien reconnu, ingénument, la différence entre la chose, objet des sciences (y inclus la critique interprétative), et la parole poétique. Telle qu'elle éclate dans *Un Coup de Dés* (O.C., p. 457), sa poésie se berce dans cet «entre» heideggerien qui abrite le rapport intime et occulté de la question de la chose à la question de l'homme. Ce poème ne pose la question de la chose qu'*en tant que* question sur l'être de l'homme[1]. Le poème est cette pensée future dont M. Foucault met en question la réalisation, pensée condamnée et accablée sous le fardeau d'une incompatibilité historique entre le discours sur l'homme et celui sur le langage[2]. S'y rencontrent les perspectives du *theos* et du *logos*, dont l'imbrication et son outrepassement[3] remplissent la tâche dédoublée de la Poéti-

---

[1] M. Heidegger, *Die Frage nach dem Ding* (Max Niemeyer Verlag, Tübingen, 1962), p. 189.
[2] M. Foucault, *Les mots et les choses* (Gallimard, 1966), p. 349.
[3] G. Bucher, *Le mythe chrétien comme mythe absolu*, p. 5.

que. Dans sa fonction de poète et de théoricien, Mallarmé apporte à cette tâche auto-réflexive une convergence dynamique de l'herméneutique et de la formalisation, qui renonce à s'occulter derrière tout récit et, partant, abandonne tout projet d'engendrement de celui-ci. Ce mouvement de neutralisation exige, en outre, la disparition simultanée du sujet, ce qui, de fait, subsume l'effacement sacrificiel de l'auteur.

Traverser, dans le sens heideggerien, la question sur la chose, cela signifie dans la perspective de notre entreprise: renverser la pensée philosophique, troubler le regard johannique (*Hérodiade*), enrayer la fuite dans la bizarrerie (*Le Démon*...), et oser témoigner de *l'ouverture* vers une conflagration des discours, dont nous n'avons marqué que quelques moments suspendus dans les poèmes en prose.

Afin de pouvoir surmonter la désolation dont parle Heidegger et qui, au niveau du mécanisme sacrificiel, équivaut au retour infini de la violence, il faut laisser le texte travailler lui-même, seul, comme «fait, étant», sans que l'exégèse d'une part ou la formalisation de l'autre puissent encombrer, par leur exclusion mutuelle, le retour à l'origine. Une fois le poème arrivé à cette ouverture, il donne la vue à la «scène» extra-scénique dans laquelle le sujet se pose comme «ingénu», comme dit la *Préface* (O.C., p. 455). C'est un commencement radical et une «naissance» radicalement libre, où, en des termes heideggeriens, le prévoir et le revoir n'ont pas encore réduit le temps extatique à une temporalisation linéaire du présent, d'où, seul, pourrait s'engendrer le discours logique.

La grande hypothèse d'*Un Coup*, c'est de poser ce «trou noir» d'une absence „originaire" de toute présence et de toute logique, comme le lieu où l'homme trouverait les conditions de possibilité de son destin déterminé comme production du sens de son être et du monde. Le grand défi de cette hypothèse, c'est l'exhibition irréversible de la Mort comme métaphore ultime de l'Ineffable et du Mystère, ce qui boucle la signification de la poétique mallarméenne d'un côté, et récapitule, en les subsumant, les thèmes de notre entreprise de l'autre.

Ainsi sont discernés les deux volets de notre analyse qui se retrouvent enchevêtrés dans *Un Coup de dés*: le poème est un acte poétique qui s'énonce lui-même, s'ouvrant ainsi à une pratique qui subsume non seulement tout autre texte, mais anticipe aussi tout commentaire sur lui. Comme tel il exhibe les dimensions d'une totalité du sens qui n'accorde aux autres textes mallarméens, après coup, qu'un statut fragmentaire[4]. Ceux-ci produisent le sens hors d'une strate sous-jacente s'agitant derrière la scène représentative du discours qui semble être intact et concret précisément parce qu'il cache et recouvre l'insuffisance de son sens. Curieusement les deux textes qui trahissent cette carence — *Igitur* et *Hérodiade* — s'approchent, de ce fait, le plus du mystère de l'origine du sens, le dévoilement de leur manque de sens visant précisément et directement le fond intime et abyssal de son engendrement. Cette vision transpose immédiatement la caractéristique du fragmenté au niveau du discours logique du récit. De là vient le jugement de ,,déchets" passé par l'auteur sur ces deux oeuvres, dont nous avons suivi le processus dans le chapitre sur *Hérodiade*. En revanche, dans les poèmes en prose nous avons suivi le discours d'un sens particulier et ponctuel dont le statut fragmentaire est pourtant caché sous un discours logique et apparemment sensé. Notamment dans *Un Spectacle interrompu*, un moment suspendu nous permettait de circonscrire le subterfuge de ce travail.

Nous croyons pouvoir distinguer dans les deux versants mallarméens du fragmentaire les deux discours incompatibles dont parle M. Foucault: le fragmentaire des récits-déchets serait le résultat direct d'un discours réflexif sur l'être du langage, alors que le sens fragmenté, caché sous des formations narratives intactes mettant en circulation un sens particulier, serait le résultat d'un discours sur l'être de l'homme, son monde et son destin. En d'autres termes, l'un serait la perspective du *logos*, l'autre la perspective du *theos*.

L'originalité d'*Un Coup* repose sur la convergence radicale de ces deux discours dont le jeu de complicité met en branle un questionnement en retour qui engendre la possibilité de tracer les dimensions de l'origine de ce jeu. Ce qui, en outre, fait l'extra-vagance d'*Un Coup*, c'est la circularité radicale des éléments du jeu, qui arrête toute thématisation et de la convergence et de la complicité et, partant, des dimensions de l'origine. Sans thématisation, celles-ci sont

---

4 Mallarmé donne même à ses *Poésies complètes* le sous-titre «Rien».

toutes dévalorisées jusqu'à l'incapacité totale, au moyen d'une lecture quelconque, de recouvrement de cette perte axiologique. Autrement dit, la radicalité de la réflexion circulaire textuelle défend au symbolique et au sacré d'effectuer leur travail d'illusion et d'oubli. Mis à nu, le signe et le sens, le langage et le sacré, reculent vers une limite qu'ils ont toujours cachée: celle du manque sans retour. Le gouffre du contexte et l'espacement de la forme d'*Un Coup* sont l'authentification du manque exprimé par la vision de la Mort virginale et de la virginité béante.

II. La double tâche de la lecture.

Notre tâche sera donc d'une duplicité étroitement concurrente de celle du texte. En un premier temps, nous devons retracer le mécanisme sacrificiel et le travail du langage, dessiner la scène de leur interdépendance intime et jouer avec eux leur jeu complice de la „polarité théo-logique" (Bucher), „comme si" c'était la parfaite machine à produire un sens, le sens absolu de l'univers poétique. Sans doute pourrait-on comparer *Un Coup* au mythe chrétien dans cette poussée vers l'absolu. G. Bucher a bien démontré, dans une analyse extrêmement détaillée et frappante, comment „le mythe chrétien reconduit le schème archaïque de la mort et fonde sa positivité sur sa transcription abstraite"[5]. Comme ce texte-là, *Un Coup* serait donc l'expression d'une co-ïncidence théologique qui a pour but d'animer la mort, d'inventer sa positivité à travers une présence culminant dans la poétique mallarméenne, afin de voiler d'autant mieux l'absence radicale *de* la Page blanche. Mais à l'encontre du mythe chrétien qui s'appuie sur son travail d'abstraction pour accomplir la métamorphose des rites archaïques de la mort en un hymne absolu de la vie, le luxe d'un récit fait défaut au poème dont nous nous occupons, comme l'indique la *Préface*. Le *topos* d'abstraction et la possibilité d'une temporalisation horizontale (Heidegger) qui garantirait la Présence, y font également défaut.

---

5 G. Bucher, *Le mythe chrétien comme mythe absolu*, p. 47.

Ainsi, et en un second temps, nous devons considérer, à travers le tissu d'*Un Coup*, la dénudation du jeu radicalement circulaire qui ne s'efface plus pour rendre visible la linéarité temporelle s'accomplissant comme récit et vivification de la mort. Sans cet auto-effacement le texte expose nécessairement sa réflexion comme sa première et unique activité originaire, mettant ainsi en oeuvre toute l'ambiguïté du symbolique incapable de cacher sa nature foncièrement mensongère. Mais dire «mettant en oeuvre» est déjà trop dire, si on comprend cette formulation comme thématisation. C'est plutôt une pratique presque physique qui vise à reconduire l'abstraction vers ses origines archaïques, sans que ce mouvement de retour tombe dans le piège d'une simple redécouverte ou d'une revalorisation des rites archaïques ayant affaire à la mort. Ce serait plutôt un retour circulaire où nous devons examiner *le phénomène du signe tout nu*, et, partant, essayer de démarquer la première vision d'un vide que nous appelons, dans le cas d'*Un Coup*, la mort.

III. Une mortification.

Nous avançons donc que, bien avant les propositions de Heidegger dans *Sein und Zeit*, *Un Coup* a déjà fait surgir hypothétiquement la mort comme la possible impossibilité de la vie, et que le poème a radicalisé cette proposition par un renversement: que la vie authentique soit une impossible possibilité suscitée par la mort; ou, comme le dit la *Préface* (O.C., p. 455), une hypothèse qui ne se résout jamais en une thèse; ou, comme le dit le poème, ,,un coup de dés (qui) jamais n'abolira le hasard''.

Au lieu de ré-animer la mort et de la masquer derrière une dépouille symbolique, le jeu du signe ,,employé à nu'' dans *Un Coup*, vise à démasquer la dépouille, à arracher le masque à la mort, à *mortifier la vie* dans le sens fort de ,,faire mourir un tissu'' (Le Petit Robert), pour que au-dessous et dénudée, la mort authentique, radicale et sans retour puisse re-tracer ,,l'origine''. Celle-ci doit évidemment être considérée comme jamais passée, parce qu'elle se comprend dans ce contexte comme «toujours-là» sans être présente, orientant notre regard sur une pratique d'absence et de vide. De même, ce tracement particulier ne ressemble à aucun autre tracement, en l'absence de tout récit. En effet la dénudation du signe met en branle son auto-destruction, tant que la chosité du signe est encore présumée. L'ambiguïté du signe que tout discours s'évertue à cacher sous l'apparition du signifié, est ainsi révélé, et ceci radicalement : en se révélant, le signe se mortifie.

Au lieu de fonder la positivité de la vie-présence et du discours logique, nous témoignons ici d'une déconstution radicale et dédoublée : la mortification du sens et du symbole, la mise à nu du *theos* et du *logos* à travers le tissu du texte d'*Un Coup*, qui est „sans nouveauté qu'un espacement de la lecture", arrivant à une „vision simultanée de la Page" (*Préface*). Nous avons ici à faire au paradoxe du fragmentaire absolu qui est beaucoup plus complet que tous les discours logiques prétendant à une présence autoritaire et, partant, intacte. Mais constater les choses ainsi, c'est encore les juger du point de vue de la perspective du *theos*, uniquement. Il faudrait plutôt laisser s'imposer le fragmentaire et sur ce «fondement» („faux manoir") penser le «complet».

IV. Renvoi aux trois premiers chapitres.

Avant de passer à l'analyse détaillée des propositions précédentes, il serait utile de marquer ici ce qui se trace par nécessité allusivement. D'abord se manifeste une certaine collusion de thèmes avec *Hérodiade*, concernant surtout son statut fragmentaire (chap. II): où nous observons cependant que le fragmentaire d'*Hérodiade*, contingent d'une lecture coupée nette, passe dans le fragmentaire «originaire» et constitutif du tout, de l'intégral, de l'intact; c'est un renversement des relations causales entre le tout et le fragment, entre la somme et ses éléments, entre l'Un et le Multiple. En outre, et proche du fragmentaire, le chapitre III offre à nos yeux une scène dont nous avons marqué quelques moments suspendus dans certains poèmes en prose. Dans *Un Coup* au contraire, le mode du suspens devient un «continuum» auquel manque tout enkystement par le subterfuge de la présence et du *logos*, comme cela arrive particulièrement dans *Un Spectacle interrompu*. Dans son fonctionnement égal au fragmentaire, «l'interrompu» acquiert maintenant le «rôle» de base à partir de laquelle les conditions d'apparaître sont accordées au spectacle. C'est-à-dire que le moment suspendu et l'interrompu — deux termes forcément empruntés au discours logique, faute de vocabulaire a-logique — doivent se comprendre sous la double rature du „moment" et de l'implication d'un „*spectacle* interrompu", donc sous rature des notions de temporalisation et de logique. Notre lecture d'*Un Coup* doit éviter toute perspective chrono-logique et chercher à captiver le jeu ana-chronique dont la seule scène a-logique pourra faire „éprouver" cette errance et cette impossibilité radicales et tout autres, qu'est la Mort.

Finalement et par renvoi au premier chapitre, *Un Coup* est la scène „extra-scénique" qui, seule, est le «topos», mais dans le sens paradoxal et u-topique de la dislocation de toute dialectique logique. La déroute du sujet, de son sens et de son langage, dans *Le Démon de l'Analogie*, est encore posée dans l'espace de la bizarrerie. Permettant une première vision de la Mort, le trou au milieu du récit est aussitôt masqué (rempli) par une phrase absurde; la pénultième morte est l'image cadavérique bien ensevelie à l'aide de laquelle le sujet s'efforce d'animer cette mort et d'en faire sortir le sens. Dans ce jeu dialectique du signe avec lui-même, il s'agit encore d'un effort désespéré de cacher la duplicité de l'apparence et de l'apparaître. Suite à cet effort, l'apparence est «logiquement» congédiée comme une aberration bizarre. Il en résulte une certaine faille de la pensée dialectique qui la rend affaiblie et comme sous-développée.

Discutant la nature de la dialectique comme un „certain jeu de l'Etre", H. Birault précise le rapport entre l'apparence et l'apparaître en proposant que l'apparence devrait être d'emblée „considérée comme autre chose qu'une simple aberration subjective de l'apparaître. Est dialectique, au contraire, cette pensée qui prend l'apparence au sérieux, c'est-à-dire qui se demande si l'apparence ne serait pas la forme originelle et première de la révélation de l'Etre"[6]. Par une formule annonciatrice, Birault propose ensuite le chemin futur que reflète déjà l'intervalle entre *Le Démon*... comme la

---

6 H. Birault, „L'onto-théo-logique hégélienne et la dialectique", *Tijdschrift voor filosophie*, v. 20, 1958 (Amsterdam, Holland), p. 682.

première brèche de la mort sur la scène de la Présence, et *Un Coup* qui est la fiction de la Mort comme mystère originaire du destin de l'homme et de son monde: „Penser l'apparaître sur le fondement de l'apparence et non plus l'apparence sur le fondement de l'apparaître, tel est le chemin qui s'ouvre avec la Dialectique, mais dans lequel la Dialectique elle-même ne s'engage pas absolument". *Le Démon* est le récit de cette Dialectique qui, tout en entamant ce chemin, ne s'y engage pas. A travers le fragmentaire, l'interrompu et la dislocation logique, *Un Coup* est la scène d'une pratique de cette même Dialectique qui, cette fois-ci, s'engage absolument, quitte à poursuivre un mouvement vertigineux vers l'impensé.

V. Premier volet.

a. *La stratégie du décalque.*

En abordant le premier volet de notre analyse détaillée, il devient clair que le second s'interpose constamment et demande à être considéré simultanément. Si nous nous laissons entraîner par cette revendication, ce sera pour respecter la nature a-discursive d'*Un Coup*. Notre discours — car discours il faut — préface donc nécessairement et trop tard ce qu'*Un Coup* a déjà révélé et pratiqué. Notre parole n'atteint jamais le futur de cet acte; son pouvoir réflexif ne fonctionne que comme présentation d'une autre réflexion anonyme qui se cache dans son jeu ana-chrono-logique.

Dans le poème, le thème triangulaire du maître, du naufragé et de l'acte de jeter les dés, compose les modalités du mécanisme sacrificiel qui continue le travail poétique mallarméen et que nous avons examiné dans les chapitres antérieurs. En outre, il y a une ressemblance spectaculaire entre ces données et la scène d'*Un Spectacle interrompu* qui anticipe le récit évité dans *Un Coup*. A la différence d'*Igitur*, et dans la perspective de notre entreprise, ce poème en prose livre beaucoup plus au rapprochement d'*Un Coup*, parce qu'*Igitur* bute sur une finitude exprimée comme „l'Absolu" dont nous avons déjà discuté la nature aberrante dans *Hérodiade*; bien que visant le mystère d'*Un Coup*, ces deux oeuvres prématurées bloquent, par leur intimité même avec le mystère, le dernier pas d'un dévoilement de la Mort. Le geste de cet emballement gît dans le regard johannique en *Hérodiade* et dans l'annulation du hasard par l'acte du héros en *Igitur*. C'est derrière la possibilité d'une production du sens sortant de ces deux moments que se retire l'origine de ce même sens dont la révélation est précisément l'objet du désir et du regard johannique et de l'acte d'Igitur.

Se révélant comme un éloignement infini, cette proximité au mystère d'*Un Coup* nous empêche d'aborder l'analyse du poème à partir d'*Igitur* malgré la parenté des images que nous ne voulons point nier. Nous nous servons plutôt d'*Un Spect. interrompu* dont nous avons très nettement reconnu le pouvoir à la fois producteur d'un sens et dissimulateur du suspens qui menace de faire éclater le non-sens occulté. C'est le spectacle de ce poème en prose qui est aussi le récit d'*Un Coup*, mais que celui-ci évite de prime abord. Nous suivons donc un discours fragmenté, un „spectacle interrompu" *à l'inverse,* c'est-à-dire une irruption «spectaculairement» rendue visible sur „la Page: celle-ci prise pour unité comme l'est autre part le vers ou ligne parfaite" (*Préface*). A partir de ce renversement nous sommes enfin face au théâtre de „l'extra-scénique", comme dit „*La Fausse entrée des sorcières* ..." (O.C., p. 349), que Mallarmé a toujours cerné et dont il avait beau chercher l'expression dans *Hérodiade* et dans *Igitur*.

Or nous avons creusé, dans le chapitre sur *Un Spectacle interrompu*, toute la portée de «l'interrompu» qui est «l'entre» dont on ne sait rien dire parce qu'il joue hors du spectacle du discours logique. Si nous parlons pourtant d'*Un Coup* entendu comme «interruption» en tant que telle, ce sera toujours en empruntant le récit du poème en prose et en le plaquant sur l'Interruption. Cette stratégie ne veut aucunement le changer en spectacle, son temps suspendu en présence, son impensé en discours logique, son vide en présence idéale; elle ne vise pas à animer la mort par le travail du symbolique. Cette stratégie est plutôt adoptée pour renvoyer le récit, exemplaire de tous les récits mallarméens, à la source mystérieuse de l'Ineffable. L'Interruption «avalera» le récit et tout ce qui lui appartient: le *logos*, la présence, la vie; elle fragmentera le discours jusqu'au point où il sera incapable de poursuivre son jeu symbolique de masquer la mort par une animation spectaculaire. Nous exposons ainsi le discours, et le nôtre, à une dissipation sans retour, à un „LIEU" (O.C., p. 475) où une *pratique* poétique mortifiera enfin la mort pour qu'éclate la mort radicale et tout autre.

b. *Le Maître.*

Nous ébauchons donc premièrement le mécanisme sacrificiel tel qu'il se reflète dans *Un Coup*, en posant d'abord la figure du Maître. Le jeune Igitur, la „suprême incarnation de la race" et son ultime descendant, se change en vieillard qui est toute cette race, „ancestralement". Au lieu de discerner une simple progression chronologique reflétant le cheminement même de la poétique mallarméenne, nous devons y interposer le clown d'*Un Spectacle interrompu* qui est aussi „l'honneur de la race", gardien de sa „supériorité" et héros du „privilège authentique de l'Homme". A ce „concours" (*Préface*) de la race, partant de l'enfant, cherchant son ingénieux héros dans le pantin, et arrivant au vieux maître moribond, s'ajoute la répétition d'une crise d'indifférenciation et de sa résolution en une différenciation victimaire. La description de la crise et de sa résolution sacrificielle dans *Igitur* mériterait d'être menée séparément, mais l'analyse d'*Un Spectacle interrompu* en a déjà présenté le mécanisme d'une part, et celle d'*Hérodiade* son échec de l'autre. Nous en inférons donc le Maître dans le rôle de la victime d'un acte sacrificiel dont la consommation revendiquerait la position supérieure de l'homme et sauvegarderait le sens affirmé dans son discours logique.

Or le Maître serait la victime émissaire d'un sacrifice qui consiste en un naufrage. Son dernier acte annulerait le hasard, fonderait la nécessité et circonscrirait ainsi la finitude absolue de la race humaine, contre l'Infini qui sort du hasard (*Igitur*, O.C., p. 434). Le Maître parierait, avec lui-même comme gage, pour que les „circonstances éternelles" qui résument en vain la totalité des actes humains et glissent vers l'indifférenciation, soient reprises par un calcul voulu et articulées sur l'acte d'un coup de dés, par l'enjeu de l'unique Nombre.

Mais en *Igitur* cet acte échoue, car le sujet est surdéterminé: il est l'héritier de l'histoire de toute une race, et leur incarnation cadavérique (l'aspect du *theos*); également, et en tant que sujet, il est le produit du grimoire où il lit son devoir (l'aspect du *logos*). En se suicidant, il annule le temps („anachronisme", O.C., p. 442) et la mascarade de la race. Mais le livre demeure parce qu'en remplissant son devoir Igitur produit le sens du texte qu'il a lu et qui, en tant que livre de magie, le marque comme l'enjeu vivant de toute la race contre le hasard. Le langage continue donc à produire le sujet. Condamné à répéter l'acte violent de son auto-annihilation, *Igitur* finit en échec.

Il serait possible que le Maître tombe dans la même illusion. Mais nous retrouvons le geste d'Igitur dans celui du pantin dans *Un Spectacle interrompu* qui déclenche une nouvelle problématique fort ambiguë quant à la figure de la victime émissaire. Car l'auditoire du poème en prose tombe dans une méconnaissance totale de la vraie victime qu'est l'ours, et désigne à tort le clown comme victime potentielle. Nous avons déjà indiqué comment à ce carrefour de la crise des différences la production du sens est engendrée à partir du rejet de la non-reconnaissance de la foule. La parole de ce rejet unifie le sujet-narrateur et l'ours dans une „façon de voir" vraie et supérieure (O.C., p. 278). Notre chapitre sur les poèmes en prose visait à dégager surtout le mécanisme de cette production du sens. Dans la perspective d'*Un Coup*, cependant, nous devons scruter la figure du clown qui, à la fois comme pseudo-victime et comme honneur de la race, cristallise en son rôle théâtral le suspens dans lequel est tombé l'entendement de la foule. Voici donc déjà une constitution beaucoup plus ambiguë de l'incarnation de la race que celle d'*Igitur*. De plus, par le dépassement de la mimésis d'appropriation (l'ours interrogeant l'exploit du clown qui prétend „attraper au vol quelque chose", au geste d'„une paume crispée dans l'air ouvrant les cinq doigts") vers la mimésis de l'antagoniste (l'ours désirant devenir homme et „apprendre les pratiques du génie"), l'ours se calque sur le clown dans une étreinte intime qui finit par nous offrir le spectacle d'un „couple uni dans un secret rapprochement", et permet à l'animal de se considérer le frère de l'homme.

Cette fraternisation et cette union de la fausse et de la vraie victime restent inaperçues et incontestées dans le poème en prose parce qu'elles sont comprises dans le momentum de l'enkystement.

Mais nous reprenons cette étrange figure ambiguë de la réconciliation monstrueuse entre nature et culture, et la redécouvrons dans le Maître d'*Un Coup*. Le clown écartant son bras et ouvrant la main crispée pour attraper en fin de compte une idée, le voici devenu un vieillard dont le bras écarté soutient un poing qui ne s'ouvre pas pour faire passer l'idée „en legs". Il détient le secret, „ancestralement à n'ouvrir pas la main / crispée / par-delà l'inutile tête". En le détenant il agit au nom et dans l'intention des ancêtres. Dans la détention hésitante se retrouve allusivement la possibilité de la pure circulation du sens enregistré déjà par l'applaudissement des spectateurs d'*Un Spect. interrompu*, à quoi les sifflements des ancêtres, en *Igitur*, donnent l'image analogue et bien antérieure[7].

Parallèle au vieillissement du héros, radicalisé par l'ambiguïté clownesque, l'applaudissement de la foule dégénère dans *Un Coup* en un „inférieur clapotis" qui accompagne la conjecture („fût") de „l'événement accompli en vue de tout résultat nul / humain / (...) / comme pour disperser l'acte vide". Faible écho de l'applaudissement rassurant et fier, ce léger bruit juxtapose la foule (les ancêtres) à la mer d'où il se produit, et relie ainsi analogiquement le Maître dans son rôle de représentant de toute sa race, à l'eau turbulente. Cette liaison se reflète, entre autre, allusivement dans „un ébat / la mer par l'aïeul tentant ou l'aïeul contre la mer".

Bref, jusqu'ici nous avons tracé un certain basculement de la logique: que le maître soit une victime émissaire dont nous ne pouvons pas (encore) déterminer la nature vraie ou fausse; que la circulation du sens ait quitté l'espace topique de l'entendement humain, − ce qui rassurait toujours la dominance du *logos* −, et se soit unie à la matière, suggérant un isomorphisme entre *physis* et *logos* que nous avons déjà découvert dans le gaz d'*Un Spect. interrompu*. Le sens est ainsi suspendu et disloqué à partir d'un étrange affaiblissement dédoublé du sujet et de son discours.

Mais le vieillard d'*Un Coup* abrite aussi le second aspect de la figure monstrueuse développée dans le poème en prose. Il est la

---

[7] Dans *L'oeuvre de Mallarmé, Un Coup de Dés* (Librairie des Lettres, Paris, 1951), R.G. Cohn relie à juste titre les „sifflements dans l'escalier" à une „concrétisation anecdotique (théâtrale) des ancêtres en un public" (p. 458) et nous permet ainsi de proposer cette analogie.

manifestation intégrante du couple uni «homme-ours», il fonctionne comme l'image visible de „l'embrassade étroite" qui devrait authentiquer le pacte de la réconciliation entre l'homme et l'animal dont le sacrifice substituant permet, seul, l'hominisation de l'homme. Le maître contient donc aussi la fonction de l'ours; d'une façon naïve il est l'ours. Rien de surprenant dans cette constatation si l'on ne perd pas de vue la similarité sous-jacente avec le récit du poème en prose. Car, par son désir mimétique d'être le double de l'homme, l'ours s'y trouve au seuil de l'hominisation, tout en restant, en vertu de son être différé par son animalité, le catalyseur du franchissement de ce seuil. De plus, cette position charnière entre nature et culture se reflète dans l'effort de l'animal à se dresser à la hauteur de l'homme; mais debout, il n'atteint que la moitié du buste de „son frère brillant et surnaturel".

Or le Maître d'*Un Coup* ne figure que comme homme naufragé. Sa fonction ne se comprend qu'à partir de l'abîme où l'entraîne la mer orageuse. Il est „sans nef", aux „durs os perdus entre les ais"; ses os se mêlent au bois d'un navire désintégré. Comme le bras écarté dans la potentialité de jeter les dés est l'image remémorée du clown et de l'honneur de la race en leur historicité, la forme du naufragé est l'image de la nature qui s'unit à l'homme et, par son étreinte „fraternelle" produit le „couple uni dans un secret rapprochement" (O.C., p. 277).

Il est maintenant évident que nous égalons ici l'ours d'*Un Spect. interrompu* à la conjonction figurative de la mer, de l'abîme, et des forces cosmiques de la nature. Ce complexe envahit l'homme et provoque le „secret rapprochement" de la nature à la culture. A l'encontre du crâne au museau noir de l'ours qui n'atteint qu'à moitié le buste de son frère, les flots submergent entièrement le maître: „un envahit le chef / coule en barbe soumise". A l'encontre de la fraternité entre *physis* et *logos* du poème en prose, la réconciliation est ici au niveau des „Fiançailles" de la mer et de l'aïeul, donc d'une nature beaucoup plus ambiguë que celle des relations entre frères; elle est d'une nature à la fois sexuelle et virginale.

Les effets de cette invasion se résument dans une représentation tout autre que celle du maître qui ressemble uniquement au clown héroïque. C'est maintenant un vieillard moribond dont les attributs le rapprochent de la nature et l'éloignent de l'humain: les durs os, la

143

barbe soumise, l'inutile tête, le maniaque chenu, et finalement le cadavre. Dans l'image cadavérique se cristallisent tous les attributs dédoublés du naufragé. D'un côté il ressemble à l'ours qui apparaît comme un „homme inférieur, trapu, bon, debout sur l'écartement de deux jambes de poil" et dont le crâne au museau noir est adéquat à l'inutilité de la tête du vieillard; comme l'animal replonge dans „la nuit d'époques humbles" pour libérer la sagesse de son frère humain, la barbe du vieillard, signe traditionnel de la sagesse et de la dignité de l'homme[8], se soumet aux flots pour engendrer la valeur de sens de sa race. De l'autre côté, il ressemble au complexe «mer-abîme-forces inanimées», par les durs os devenus des ais engloutis dans le tourbillon des éléments.

Résumant les réflexions précédentes, nous comparons le **maître-vieillard** aussi à l'ours en tant qu'être différé, son animalité étant analogue à l'inutilité de tout attribut vraiment humain chez le vieillard. Le maître est donc l'adéquation unificatrice du phénomène du couple uni dans le poème en prose. Il est le héros, l'honneur de sa race, en même temps qu'il est l'animal à la „force latente" replongé dans la nuit des époques humbles au moment de l'hominisation, et évoqué allusivement dans le complexe des forces de la nature.

Il est l'Homme *et* l'animal métamorphosé en mer-orage-flots-abîme. Il est la représentation de la culture et de la nature, et ceci, à travers l'adéquation intégrante du couple uni, au seuil de l'hominisation. Dans *Un Coup* ce seuil est représenté par le geste du **maître** jetant les dés.

L'acte d'un coup de dés est le signe de l'autorité humaine et logique qui cherche à extorquer au hasard, l'Unique Nombre. Précisée comme le Septentrion, donc identifiée à La Petite Ourse, la constellation qui est le résultat du coup est le texte qui réfléchit sur ce signe ou, comme dit le poème, „énumère le heurt successif d'un compte total en formation" (O.C., p. 477). Il va de soi que nous présumons ici la parenté exquise et l'identification allusive de l'ours et de l'Ourse, à cette différence nette que la reconnaissance de la fonction sacrificielle de l'animal engendre le sens et sa circulation

---

8   On n'a qu'à penser à „Charlemagne à la barbe blanche" dans *La chanson de Roland* pour comprendre une des premières sources et la longue tradition dans notre histoire, de la force symbolique de la barbe blanche.

dans un récit (le poème en prose) par le rejet absolu de l'impensé, tandis que l'Ourse est l'image de l'inanimé-l'impensé qui fonctionne comme le *topos* épiphanique de tout sens. Ceci sera repris plus tard.

Le Maître serait 1) la victime d'un rite sacrificiel qui fonde l'historicité de la race et réaffirme sa continuité linéaire par l'acte d'un coup de dés qui authentique la „supériorité" de ses „anciens calculs"; 2) il serait simultanément le cadavre d'un rite funéraire activé par le complexe «mer-abîme-flots-inférieur clapotis d'ancêtres chimériques». Les attributs du cadavre se résument dans la simple phrase: „naufrage cela directe de l'homme" où le génitif porte une double signification: l'activité de l'homme qui joue le mort, et la passivité de l'homme vaincu par la mort. Le cadavre rappelle et représente une vie absente, son image moribonde se rattache à la mémoire d'une vie, cachant ainsi sa pure négativité mortelle.

La victime émissaire est identique au mort glorifié. Dans sa double fonction de garant du temps historique et de la manifestation idéale de la vie, le maître parferait l'humanité, il représenterait ce que G. Bucher appelle „le fait humain" au regard de la figure du Christ[9]. Il serait l'allégorie chrono-logique de l'Homme.

Mais le problème pour *Un Coup* est le même que pour *Un Spectacle interrompu*: la victime n'est pas reconnue par la race – qu'elle est elle-même. Il s'ensuit que le maître méconnait sa propre fonction. Igitur, au contraire, reconnaît son devoir, il jette les dés, même s'il avoue simultanément que c'est une folie. Mais le maître „hésite (...) plutôt / que de jouer / en maniaque chenu / la partie".

Dans la crise des différences évoquée par le premier tableau du poème (le fond d'un naufrage, le dessin visuel (O.C., p. 460-61) d'un bateau qui risque d'être englouti par l'abîme), le maître, *dans son rôle de l'homme, honneur de la race, au bras écarté*, assume à tort le rôle de la victime: „SOIT (...) LE MAITRE", où s'intercale cependant entre les deux mots la scène de l'indifférenciation. Le texte qui suit „LE MAITRE", jusqu'à „en reployer la division et passe fier", serait l'expression de la méconnaissance qui, oubliée, se donne comme savoir. Mais le subjonctif de la proposition et l'intermède de l'indifférenciation mis en scène aux pages 460-61, présagent la possibilité d'un non-savoir résultant de cette confusion.

---

9 G. Bucher, *Le mythe chrétien comme mythe absolu*, p. 49.

Ainsi le Maître se pose-t-il aussi comme celui qui pourrait rejeter le non-sens en établissant la vraie victime; il refuse de jouer le jeu de la méconnaissance: „hésite" est la charnière entre la scène du non-savoir et celle de son rejet. Immédiatement le rôle de la vraie victime apparaît: la partie «ours» de la figure du maître qu' *Un Coup* présente sous la métaphore de l'inanimé: „cadavre / (...) / un des flots envahit le chef / naufrage cela direct de l'homme". La dépouille mortelle du maître que nous avons rapprochée du rôle de l'ours dans le concept «couple uni», cet inanimé est maintenant reconnu comme la vraie victime, la fausse victime rejetée, une fois pour toutes, métonymiquement par le refus de jeter les dés. Nous n'avons plus affaire à l'homme, mais à diverses expressions qui font allusion au cadavre: le vieillard, les durs os, l'inutile tête. Sous ce masque cadavérique, le maître mort est reconnu comme la vraie victime.

Fidèle aux thèses de R. Girard, cependant, fidèle aussi à nos propositions des chapitres sur *Hérodiade* et sur *Un Spect. interrompu* et concomitante au rejet de la méconnaissance, la recognition de la «vraie» victime émissaire devrait être accompagnée d'un savoir se composant de l'histoire civilisatrice, de la vie dans la pleine présence et de la vérité. C'est justement ce qui arriverait dans *Un Coup*, ambigument. Ce serait précisément de „cette conjonction suprême avec la probabilité", c'est-à-dire de la figure victimaire qui se compose du cadavre de l'homme joint aux flots (donc précisément de la représentation métonymique de «l'ours-vraie victime» du poème en prose), que naîtrait l'enfant, „son ombre puérile".

Dans la conjonction de tous les rôles du spectacle, le Maître rejette la fausse victime qu'il est lui-même comme capitaine-descendant de sa race; suite au rejet, il établit la valeur de la vraie victime, encore lui-même comme cadavre aux durs os; revalorisé par lui-même, mort („legs en la disparition"), son sacrifice produirait le sens de la vie et de l'histoire: l'enfant, signe de la vie et garant de la continuité historique de la race. Le maître-joueur des dés n'a rien à faire à cette naissance, bien que ce soit lui qui disparaisse dans les flots. Mais c'est de l'union de la mer et du vieillard moribond qu'apparaît l'ombre puérile: „caressée et polie et rendue et lavée / assouplie par la vague et soustraite / aux durs os perdus entre les ais".

Mais une fois la vraie victime reconnue dans le couple «mer-mort», cet acte de sens n'est plus transmis à un „légataire qui demeure *momentanément* ambigu" (nous soulignons), comme l'interprète G. Davies impliquant qu'il serait mieux défini à mesure que la scène progresse[10]. Est plutôt ambigu *tout* le geste du coup de dés complètement différent du geste du maître-capitaine et du clown héroïque à la main crispée en l'air, parce que c'est un acte émanant de l'inanimé. Par conséquent le sens-enfant est ambigu quant à ses origines, est ambigu quant à son statut concernant la vie et son historicité. Il est ambigu dans le sens de la double question: est-il vraiment humain, et est-il vraiment présent? Est-il l'héritier de la race, est-il celui pour lequel tout est mis en jeu, en gage ultime, celui dont on espère la résolution du mystère originel et final, donc de sa totalité?

c. *L'enfant.*

L'issu de l'union mer-aïeul n'est plus la fière menace de la race contre „un destin et les vents / l'unique Nombre qui ne peut pas être un autre". Il n'est plus la certitude et l'orgueil de l'„Esprit". Issue des flots qui montent de l'Abîme, héritant d'un navire naufragé (le château d'*Igitur* maintenant disparu), et perpétuant une race morte, cette ombre se distingue vaguement par un passé immémorial et un futur toujours indéterminé („ultérieur"), de façon à bloquer l'accession à une présence qui, pour la production du *logos*, doit toujours être une présence idéale et sublimée, à la limite Dieu lui-même. Ainsi apparaît „quelqu'un / ambigu / l'ultérieur démon immémorial", un nouveau génie divin qui pourrait s'accommoder avec l'ambiguïté du sens hors de toute présence.

Dieu remplacé par le démon, cela signifie l'abandon de la recherche de la totalité, et l'arrêt de toute linéarité temporelle, remplacée par une simultanéité du passé et du futur dans *un temps démoniaque*, donc non-présent et hors-présent, que Heidegger appelle *extatique*. Le poème suggère tout cela dans un seul mot: „Fiançailles".

---

10 G. Davies, *Vers une explication rationnelle du Coup de Dés*, (Librairie Jose Corti, 1953), p. 108.

Or, l'enfant est l'ultérieur démon immémorial „ayant de contrées nulles / induit / le vieillard vers cette conjonction suprême avec la probabilité". Deux choses sont à retenir de ce fragment: 1. Comme conséquence directe du temps extatique (ana-chronique), l'enfant devient le père et le père devient son propre enfant. Par un redoublement du temps, le père engendre le fils qui induit le père: hantise démoniaque, et conjonction suprême par lesquelles est premièrement engendré l'enfant. 2. Dans un second temps et à la différence du geste du maître qui, s'il avait été exécuté, n'aurait atteint que l'unique nombre pour fermer le cercle du savoir, le coup de dés induit par le démon-enfant provient de „contrées nulles". Nous souscrivons à l'interprétation que Davies en donne: „Cette allusion aux origines du vieux capitaine se place certainement sur le même plan que les images de la mer et du naufrage(...). Le protagoniste (...) ne peut avoir d'origine, n'arrive de nulle part"[11]. Pour Cohn c'est plutôt „la promesse éternelle d'un Eden d'amour"[12]. Mais il faut en tirer les conséquences. Le geste du vieillard est un acte sexuel cosmique qui ne se consomme que par l'„ébat" entre la mer et l'aïeul, donc par le naufrage. Le protagoniste qui „n'arrive de nulle part", arrive du navire détruit. Tout conduit à voir dans les contrées nulles „l'ombre enfouie dans la profondeur (...) sa béante profondeur en tant que la coque / d'un bâtiment".

Dans la conjonction allusive de l'Abîme, du navire et du naufrage, l'image de la coque se juxtapose au nul des contrées nulles d'où nous ne pouvons plus négliger l'implication du zéro. Or l'acte sexuel de la rencontre mer-aïeul est ce coup cosmique qui cherche à marquer le néant ou, dans le vocabulaire de Miller parlant de Frege, à changer le zéro manque en zéro nombre, à changer le néant non-conceptualisable (l'Abîme) en la conceptualisation du zéro dans l'Un – à partir duquel le tout devient possible. Donc, et dans les termes d'*Un Coup*, par la conjonction suprême avec la probabilité le père-enfant changerait les contrées nulles du naufrage total en l'Un qui est l'enfant, cet Un tracé par le mot „né" placé séparément sur la page. A partir de

---

11 G. Davies, *Vers une explication rationnelle du Coup de Dés*, (Librairie Jose Corti, 1953), p. 110.
12 Cohn, *L'oeuvre de Mallarmé, Un Coup de dés*, p. 464.

l'Un tout devient possible, ce qui est suggéré par la circularité de la phrase „la mer par l'aïeul tentant ou l'aïeul contre la mer". Cette conjonction quadripolaire (Cohn) suggère donc une possibilité de totalité pour la race.

Mais cette „chance oiseuse" n'est que *Fiançailles* que nous venons de rapprocher du hors-présent du temps extatique. Or l'ambiguïté de ce mot dont la majuscule marque l'importance, rapproche l'ombre puérile du «virginal» d'*Hérodiade*. Aux fiançailles comme dans la scène du virginal, c'est le désir qui est en jeu et, partant, aussi les objets et les projets du désir. Les fiançailles „dont le voile d'illusion (a) rejailli leur hantise" n'aboutissent jamais à la réalisation de l'acte sexuel. Par un jeu de voilement et de dévoilement simultanés, se perd toute différence entre le réel et l'irréel: „ainsi que le fantôme d'un geste". Analogue au refus que le regard johannique doit s'imposer à lui-même, l'acte n'enfante qu'un fantôme ou, par l'ambiguïté du génitif, n'est lui-même qu'un geste fantasmatique.

Au lieu de parvenir à la connaissance inscrite dans un discours qui devrait se réaliser à partir de l'acte sacrificiel du maître-vieillard, le résultat est folie; la certitude d'un calcul légué au fils est remplacée par un geste chimérique; au lieu de la nécessité arraisonnée résultant d'un coup de dés affirmant le Nombre contre la probabilité, tout s'effondre dans l'indifférenciation inéluctable de la raison et de la déraison.

A ce point *Un Coup* ressemble au texte fragmentaire d'*Hérodiade*. Le texte a échoué à engendrer un sujet-lecteur qui rejetterait le non-sens et produirait un discours du savoir comme cela arrive dans *Un Spectacle interrompu*. Le moment de suspens qui y est enkysté dans le fixe fracas de l'applaudissement, se répand maintenant en un continuum scénique où le fantôme d'un geste trace le suspens, occupant toute la scène et, partant, empêchant la consolidation du sujet.

d. *Le tombeau, le blanc.*

Dans ce dilemme qui ne trace pas une simple négation, ni une absence de la présence, mais sa suspension originaire, le tissu du poème semble se rétrécir dans le seul „N'ABOLIRA" d'une page autrement toute blanche (p. 465). Cette blancheur est le tombeau du récit, du maître-lecteur, de la vie (l'enfant), et de la présence. Mais aucun cadavre ne s'y cache. L'événement de la mort qui faisait tout le récit de la page 464, manque à la page blanche. Il y a donc une double disparition: le vide de la page blanche encadre le gouffre sépulcral du texte. Le vertige de l'Abîme est aussi et simultanément le lieu d'une disparition du mort, du texte échoué, et du fantôme d'un geste. C'est la négation de l'abolition du maître-vieillard et de son acte. Cette double disparition se reflète dans la double négation du „N'ABOLIRA" et y est suspendue.

Cependant, le «blanc» d'un texte est communément supplanté par le signe, il est aussi ce qui „diffère" les autres signes et ainsi cerne le sens. Le signe n'est donc que l'appréhension du manque auquel il est associé; il lui sert de démarcation. En rendant le «blanc» visible, il marque le manque tout en le cachant. Visant un sens il réduit donc le blanc au zéro nombre d'où s'engendre un autre signe dans la chaîne du sens. De même, le texte réduit le blanc dont il prétend être le fournisseur, à un simple véhicule différenciateur pour avancer son récit, comme le dit la *Préface*: „La versification en exigea (des blancs), comme silence alentour, ordinairement". Mais dans *Un Coup* il s'agit „d'un espacement de la lecture. Les «blancs» en effet, assument l'importance, frappent d'abord".

Dans ces nouvelles circonstances il est de plus en plus douteux que le texte puisse profiter de la disparition de la mort dans le suspens du blanc, et produire le sens de son discours. La «matérialité» du vide a usurpé son rôle: „Le papier intervient chaque fois qu'une image, d'elle-même, cesse ou rentre (...); c'est à des places variables, près ou loin du fil conducteur latent, en raison de la vraisemblance, que s'impose le texte" (*Préface*).

Ainsi, le mécanisme textuel de la réflexion interne qui produirait le sens au fur et à mesure qu'il dissimulerait la mort, tombe, au contraire, sous la dépendance du blanc. Il se trouve incapable de contrôler les images de son jeu, ici le cadavre du vieillard et la naissance de l'enfant, pour en extraire son sujet idéal, pour en refaire l'Homme.

L'auto-réflexion a ici à faire à sa propre crise d'indifférenciation, exprimée par le blanc; c'est la crise absolue partant d'un dévoilement radical mettant en branle une auto-analyse qui ne peut plus s'effacer derrière sa dialectique réfléchie interne qui excluerait le blanc et nierait la mort. Cette analyse s'ouvre avec le passage „COMME SI / ..." (p. 466...) dont les caractères italiques indiquent un revirement.

Abandonnant la réflexion sur l'anecdote et ainsi refusant de la transcrire dans un discours, le „COMME SI / ..." est „cet emploi à nu" de la pensée, par elle-même, qui lui permet d'*exhiber* extra-scéniquement son texte, ses signes, ses images et son ana-chronisme[13], *à un premier plan et pour eux-mêmes, opaques*, sans qu'ils cèdent, comme de modestes outils secondaires, au sens idéal (du texte), à la chose (désignée par le signe), au récit (représenté par l'image), à la présence idéale (constituée par le „nivelage" (Heidegger) du temps extatique).

Jusqu'ici, notre lecture a reproduit cette multiple rature à l'aide de la superposition stratégique d'*Un Spect. interrompu* sur le texte d'*Un Coup*. Elle a négligé le „SOIT", l'a changé en un «Est» du temps vulgaire, et a oublié les blancs, pour fuir l'ambiguïté et le hasard qui menacent la compréhension de ce poème. Mais elle subit le même sort que l'anecdote: le coup de dés de cette lecture s'effondre dans un geste fantomatique. Nous n'avons pu identifier la victime comme instant différentiel, ce qui *nous* constituerait comme la source logique du sens.

Abandonnant la méthode du poème en prose, la lecture aurait le choix que présente le fragmentaire d'*Hérodiade*, de se refuser toute quête du sens. Ou elle pourrait s'enfuir dans la bizarrerie que propose *Le Démon*..., ce qui n'est qu'un subterfuge du sens caché sous la contra-diction du discours sensé.

Un Coup nous arrache ce choix. Il se dérobe à l'emprise de toute lecture, il interdit la rature des repères de l'extra-scénique. Par l'état incomplet de la phrase principale dont la pensée logique ne souffre pas de laisser le „N'ABOLIRA" sans complément — donc par la poussée démoniaque qui conduit à tourner la page en la quête futile

---

13 Nous empruntons au texte cité de G. Bucher le repérage de la dimension extra-scénique: *le texte, le signe, l'image et le temps*, dont l'interdépendance transgresse l'incompatibilité du *theos* et du *logos* et nous fournira le moyen de regarder la pratique mallarméenne sous la lumière d'un dépassement radical de ces deux domaines.

de l'achèvement du sens dans le complément —, il exige que le lecteur assiste à l'exhibition de l'autoanalyse textuelle radicale, *en fonction de voyeur* dont la curiosité un peu malsaine et illégitime encombre le retour à la lecture logique („légitime").

Contemporain à *Un Coup*, *La fausse entrée des sorcières* ... nous aide à entrer dans ce qui suit le „COMME SI ...", dans l'extra-scénique où „le rideau simplement s'est levé, une minute, trop tôt, trahissant des menées fatidiques" (O.C., p. 351). Devant cette levée prématurée, le voyeur devient „le public (qui) apprécie une découverte faite par lui *indûment*" (nous soulignons, O.C., p. 350). A travers la mise à nu du jeu subversif du texte, nous commençons à discerner la Pratique mallarméenne visant la découverte de la mort radicale qui est le mystère ineffable à «l'origine» de l'hominisation de l'homme, découverte qui pose la possibilité de la vue (et du voyeur) sans que le regard johannique (regard de la connaissance et de la lecture logique) y joue un rôle.

VI. Second volet.

a. La dénudation, O.C., pp. 466-67.

Nous avons désigné le „fantôme d'un geste" et la page blanche (p. 465) comme le double signe d'une disparition de la mort en vue d'un foisonnement de la vie. Comme tout signe, il tracerait une absence et, ce faisant, se substituerait au geste ambigu et au discours absent, en leur donnant une signification. Le signe devrait donc susciter la (re)-naissance de la vie, et la sublimer dans un discours logique. Mais au lieu de l'animation de la mort, le signe s'exhibe comme une „insinuation simple"; au lieu d'une affirmation positive il y a l'allusion qui brouille la disparition de la disparition, suscitant la faille du signe à faire paraître la «chose idéalisée», c'est-à-dire le sens. Le signe ne permet à aucune lecture d'*appréhender* le manque: „au silence enroulée avec ironie".

Si nous nous appuyons encore sur le mécanisme du mythe sacrificiel, il s'ensuit que le signe dont il s'agit ici, devrait inaugurer la présence idéalisée et sublimée d'un maître. C'est ce qui arrive, dans

Un Spectacle interrompu, au moment où le sujet-ours prend la parole et met en scène la «vraie signification» du „moment suspendu", coupant ainsi l'entrevue d'un mystère ineffable et sublimant le sens d'un modeste spectacle d'exhibition au niveau d',,un des drames de l'histoire astrale" (O.C., p. 277).

Ce discours ne se réalise pas dans le passage „COMME SI ... (etc.)". Dans l'équivoque de ,,l'insinuation simple", le signe ne transcrit rien et s'enfonce, de plus, dans le suspens même qu'il aurait dû tracer (,,au silence enroulée"), rapprochant ainsi son exhibition d'une comédie d'ambiguïté (,,avec ironie"). On devine ici le jeu du démon qui brouille toute distinction entre raison et déraison, entre sens et non-sens, enfin entre le silence du vertige abyssal (la profondeur de la mer) et un bruit effréné remplissant l'espace entre la mer et la voûte céleste: ,,ou / le mystère / précipité / hurlé / dans quelque proche tourbillon d'hilarité et d'horreur".

Ce qui devrait devenir un discours logique soutenu par un sujet-lecteur, devient une insinuation dont la ressemblance au paradoxe du ,,fixe fracas, de gloire à l'apogée, inhabile à se répandre" (*Un Spect. interr.*), est soulignée par la juxtaposition illogique du silence et du bruit. En même temps la force suggestive de ,,hurlé" résume tous les thèmes de l'anecdote, — l'angoisse douloureuse du naufragé, le moment suprême et passionné du geste d'amour, l'orage et les eaux furieuses —, dans un seul cri animal et humain à la fois, suspendu, inarticulé, entre le rire et le pleur de l'ironie.

Fidèle à son statut ambigu, le signe hésite à faire paraître ce qui a disparu, sans pourtant s'effacer lui-même (,,voltige autour du gouffre"). Il reste suspendu entre le contact (= le comprendre) et la fuite au regard du gouffre.

Du jeu de ce passage (pp. 466-67) sortent deux observations. Dans un premier temps, le signe insinuant se «concrétise» — à travers les expressions spatiales, ,,voltige", ,,joncher", ,,fuir", ,,bercer" — dans l'allusion d'une plume qui va continuer l'exhibition. Au lieu de faire paraître le sens du mort sacrifié et du tombeau de la page blanche, le signe joue avec lui-même en se (re)produisant dans les indices d'une plume qui suggère le bras écarté du noyé par sa forme, et le tombeau vide par sa couleur blanche. Mais le signe s'avère impuissant à présenter la signification de ce bras écarté et de ce tombeau/page blanche. Il ne s'efface plus derrière le sens de l'événement sacrificiel; il *produit* plutôt et *premièrement* sa propre trace; il s'exhibe tout nu sans qu'aucun sens ne s'y accroche: „plume solitaire éperdue" (p. 468).

Dans un second temps le gouffre de la disparition est d'autant plus insondable que l'idéogramme de la page suggère son vertige infini par une spirale répétitive „COMME SI .... COMME SI". Le gouffre ne peut donc jamais être rempli ou franchi. Le «toujours déjà» de la vacuité vise la mort radicale, repoussant tout effort de réanimation.

C'est ainsi que le signe/plume „en berce le vierge indice". Dans ce merveilleux fragment se rencontrent les repères de l'extra-scénique: 1. Le signe produit une pure absence (vierge indice) à laquelle ne correspond aucune présence transcendante, il ne dépend pas de la disparition antérieure d'une existence réelle, il n'est ni touché ni com-pris par une présence primaire qui le rendrait secondaire. Davies en dit que „l'adjectif *vierge* laisse entendre que l'indice ne s'est pas encore manifesté dans un sens ni dans l'autre"[14]. Nous disons que le „encore" est de trop parce que toute manifestation est suspendue dans l'ambiguïté des Fiançailles. 2. Le „berce" suggère l'image du vieillard moribond qui devrait naître enfant. Mais le cadavre paternel (insinué par la précipitation et le hurlement) ne berce qu'un vierge indice du néant. Ceci insinue, à son tour, que les durs os restent intouchés (vierges). L'image du mort ne renvoie donc à aucune vie future à partir d'une présentation «originaire» dans la figure d'un père. L'image se représente donc purement et premièrement elle-même et ainsi ne cache aucune présentation initiale. La re-présentation cadavérique de la mort est ainsi toujours virginale et «originaire», donc radicale dans le sens qu'aucun souvenir référentiel ne puisse s'y attacher. 3. Le vierge indice fait aussi allusion à un texte qu'inscrit la plume. Mais celle-ci se suspend sur le blanc de la page („voltige autour du gouffre"), *elle ne cesse de tracer les marques du gouffre* dont nous avons prétendu trouver tout le sens dans le récit antérieur. Ce que nous avons posé comme thèse pour le placer logiquement, se révèle maintenant comme hypothèse, car le tissu du texte sur la

---

14 Davies, *Vers une explication rationnelle du Coup de Dés*, p. 125.

mort n'a pas été tracé, la page est encore blanche, le gouffre n'est pas dissimulé par les contours d'indices noirs sur le blanc. Le texte est encore non-lisible dans le jeu potentiel d'une plume. Il est là mais à un état non-lu parce qu'il est indiscourable. Il n'est jamais violé; car dans le suspens du vierge indice le texte est adéquat au blanc, en l'absence de tout lecteur lisant „l'indice" et excluant le „vierge". Le texte devient son propre hors-texte qui reste donc inexploitable par toute lecture. Comme produit d'une lecture (dans le grimoire), Igitur pourrait enfin s'anéantir radicalement (cf. p. 142). Nous pouvons enfin comprendre le sens fort des «blancs» mallarméens dont parle la *Préface*. Le texte est enfin la marque du rien, sans qu'il obscurcisse le manque. 4. Le vierge indice nous offre aussi un regard tout neuf sur la fonction des deux „COMME SI". Le premier (qui devrait logiquement être complété dans la phrase „Comme si c'était le Nombre") récapitule l'événement qui précède (l'anecdote) et en offre conjecturalement le souvenir dans „Une insinuation simple... (etc.)". Mais ce passage-ci ne réussit pas à constituer le souvenir sortant de l'oubli (le blanc) où il est tombé. Le signe, l'image et le texte sont toujours pris dans le vertige du tourbillon d'où le passé ne peut se *présenter* en ressuscitant la mémoire d'un acte dont l'authenticité a été ébranlée par le „Comme si". Le second „COMME SI" dont nous avons déjà souligné la nature vertigineuse, devrait reprendre le passé re-connu et le reproduire dans le Nombre. Celui-ci résulterait donc d'une lecture prospective, et non plus de l'acte ultime d'une victime sacrificielle. Mais le texte reste non-lisible par le vierge indice. Le futur ne peut donc être déterminé dans la présence intériorisée d'une lecture. Les moments du passé et du futur se retrouvent dans le gouffre du néant; physiquement sur la page, ils forment – par les „Comme si" aux deux extrémités – les «bouts» rebouclés, infinis et non-marqués, de la spirale vertigineuse du tourbillon. Ainsi, ils manquent d'horizons, c'est-à-dire, de ce qui dans le sens heideggerien livre la présence. Les deux „Comme si" à la fois simultanés et successifs sont donc authentiquement ana-chroniques; par leur statut hors-présent ils soutiennent le hors-texte du vierge indice.

b. La dénudation, O.C., pp. 468-69.

Partant, *Un Coup* interdit *toute* lecture qui s'efforcerait de parvenir à une projection du cycle sacrificiel de toute l'histoire humaine, dans l'idéalité d'un discours. Le sens est d'emblée dérouté, ainsi que la violence logique dont nous avons souligné, presque à satiété, la conséquence inévitable dans le processus de l'engendrement du sens.

Pour la première fois, la poétique mallarméenne se libère du regard johannique qui la hante, et du désir du lecteur qui la viole. Il n'y a plus de sujet bizarre (*Le Démon*...), plus de nourrice (*Hérodiade*), plus de sujet-ours. C'est le virginal qui s'exhibe, non à la manière pervertie du *Phénomène futur*, mais tout *virginalement*.

Hors du temps et hors du discours et, partant, sur un mode anachrono-logique, la Pratique poétique pose extra-scéniquement la Mort, le Mystère et le Virginal. Elle se retire de la vie et du temps horizontal de la connaissance. Elle peut donc être considérée comme un vrai texte a-théo-logique, ce que Mallarmé appelle „l'absente de tous bouquets" (O.C., p. 857).

Ce texte non-lisible se trouve emblématisé dans la „plume solitaire éperdue" comme ustensile de son écriture et de sa lisibilité conjecturée. Elle est entourée d'un blanc que le lecteur ne peut plus remplir, cette fois-ci, d'une valeur de sens. C'est le même blanc, mais cette fois-ci intouchable, introublé, pure „Virginité qui solitairement, devant une transparence du regard adéquat, elle-même s'est comme divisée en ses fragments de candeur, l'un et l'autre, preuves nuptiales de l'Idée" (O.C., p. 387). Cette division s'annonce ici par „sauf" qui suscite des traces noires (p. 469). Elles coupent le blanc en fragments séparés, mais nullement différenciés parce que dans leur candeur ils sont tous blancs; et cela dans le seul but de les réunir dans le paradoxe de noces virginales. Cette Pratique poétique veut que le blanc soit primaire et constitutif dans son silence même, et que les traces noires n'assument que le rôle matériel de tissu. Tandis que le désir du *logos* reste suspendu dans le voile des Fiançailles, victime de la folie du jeu de l'être qui vascille entre le possible et l'impossible, le blanc se réjouit de ses preuves nuptiales qui lui sont fournies, toutes virginales, par les traces de la plume.

Ce jeu entre le blanc et les traces est justement la mise à nu de la pensée, l'enlèvement radicalement autre du voile, qui ne détruit point le virginal, mais qui fait qu',,indéfectiblement le blanc revient, tout à l'heure gratuit, certain maintenant, pour conclure que rien au-delà et authentiquer le silence" (O.C., p. 387). Ceci constitue la Pratique de l'extra-scénique à partir de laquelle les éléments de l'anecdote d'où la lecture aurait dû tirer le sens, se changent en matériau pour des traces noires qui bercent le non-sens virginal. Elles composent la «figure» du manque sans que cette figure soit *appréhendée* comme telle. Elles sont toujours déjà perdues pour toute appréhension parce qu'elles sont mises à nu dans le vertige auto-(re)-productif du ,,Comme si ... Comme si". En d'autres termes, les événements de l'anecdote s'évaporent comme des hallucinations d'*un désir dont la puissance infinie est enfin vaincue*, par ,,l'indéfectible blanc", et s'installent comme le décor de l'extra-scénique. Nous sommes donc loin de la naissance de ,,l'ombre puérile" signifiant la résurrection de la vie hors de la mort, et de la production du sens à partir du rejet du non-sens, loin de l'acte d'Igitur qui ,,*veut* mourir, maître momentané du hasard"[15]. Nous sommes, cependant, et à notre insu, au milieu d'une ,,Fiction" qui n'opère plus à partir d'une base d'exclusion violente, mais qui est le lieu d'un certain nombre d'effets qui donnent la vue au gouffre de la mort, à travers le blanc, le silence, le virginal.

Cette Pratique est la cause et la condition de l'impossible possibilité d'où surgissent la conscience d'un sujet et le discours logique. C'est l'origine non-originaire et toujours-déjà vertigineuse du *logos*. D'où s'ensuit que le *logos* est originairement a-logique, que le sens est l'expression et la fonction du non-sens, et que la réflexion du discours n'est pas producteur mais reflet dissimulateur de l'auto-réflexivité secrète de la mort.

Dans la Pratique le sujet conscient n'est donc plus nécessaire comme l'agent central de la réflexivité, il devient le simple lieu des effets de l'extra-scénique inconscient. Déjà dans *La Déclaration foraine*, dans *Le Nénuphar blanc*, et surtout dans *La Gloire*, la position ambiguë du sujet-producteur est allusive de sa réflexion ruinée et de l'écroulement de son autorité centrale. Mais c'est dans *Un Coup* que la Pratique s'expose entièrement au regard du sujet-

---

15 M. Blanchot, *L'espace littéraire* (Gallimard, 1955), p. 140.

voyeur. Dans le cas du poète-voyeur, «lire» l'extra-scénique d'*Un Coup* équivaut à ne pas aller au théâtre de l'affiche, comme il le décrit dans *Crayonné au théâtre*; c'est plutôt fixer le regard sur le „gala intime" d'un âtre et tisonner la braise pour qu'éclate la conflagration de tous les thèmes différenciés: „Il est (tisonne-t-on), un art, l'unique ou pur qu'énoncer signifie produire: il hurle ses démonstrations par la pratique. L'instant qu'en éclatera le miracle, ajouter que ce fut cela et pas autre chose, même l'infirmera: tant il n'admet de lumineuse évidence sinon d'exister" (O.C., p. 295).

Page 469 commence la Pratique détaillée qui montre d'abord l'image du vieillard cadavérique devenu le „prince amer de l'écueil" enfanté, nous le savons, par le geste fantomatique d'un désir. Mais par la Pratique, le savoir, le geste et le désir sont rendus dérisoires par la prétention de leurs illusions. Toute prétention s'écroule dans: „sa petite raison virile".

c. *La dénudation, O.C., pp. 470-71.*

Le tissu des traces s'arrête alors pour un moment de „Rire", (pp. 470-71, partie supérieure), parce que la comédie démoniaque du tisonnement expose les traces du néant que la lecture ordinaire appréhende aveuglement comme le drame de l'homme produit par sa propre supériorité, – et ceci n'est qu'une petite raison virile –.

Par ses adjectifs, le rire („soucieux / expiatoire et pubère / muet") résume encore l'anecdote (O.C., pp. 460-64) pour la jeter tout de suite dans le jeu indécidable du „Si" qui répète le vertige du „COMME SI" et commence le coup de dés du Nombre (O.C., pp. 472-73). Là encore se répète l'exhibition: le texte est illisible sous sa forme de plume-aigrette de vertige. L'image cadavérique se répète sous la forme de la stature mignonne (rappelant l'ambiguïté du père-fils, fils-père) envahie par les flots (ici indiqués par les torsions de sirène). L'acte progéniteur (suggéré par „souffleter / par d'impatientes squames ultimes bifurquées / un roc") s'effondre avec le „faux manoir / toute de suite / évaporé en brumes", exposant ainsi le maître-mort toujours déjà stérile tel qu'il est dans la mort radicale et démasquée. Le sujet est englouti dans les brumes du hasard, dans le temps d'une imprécision absolue qui ne se prête plus à la ré-animation du mort par la fixation d'un moment présent. Ainsi, le moment „debout" du saut de la sirène s'évapore aussi comme „faux manoir" et devient, page 473 où continue le tracement du blanc, le hors-présent du temps extatique: „rythmique suspens du sinistre".

d. *La dénudation, O.C., pp. 472-73.*

Les pages 472-73 réunissent matériellement les deux discours du *theos* et du *logos* dont l'incompatibilité traditionnelle a évoqué premièrement l'illusion du maître dans sa supériorité et celle du privilège authentique de l'Homme (*Un Spect. interr.*). Mais dépassant toute confluence de l'herméneutique et de la formalisation, la Pratique dépose la possibilité du discours théo-logique dans la dimension ana-chrono-logique: „LE HASARD". Terminant la phrase principale („Un coup de dés jamais n'abolira le hasard"), ce mot défait en même temps l'approche herméneutique en détruisant le mythe sacrificiel: le geste de la victime s'embrouille dans la conjecture de diverses possibilités du Nombre (la partie supérieure des pages), sans pour autant arriver à la succession logique du multiple qui engendrerait le discours du sens et de la vérité: chacun des subjonctifs répète conjecturalement le coup de dés cherchant à tracer le blanc (le zéro manque) et, partant, à le conceptualiser en zéro nombre: „évidence de la somme pour peu qu'une"; enfin chacun cherche à éclairer (animer et vivifier) la possibilité de l'être hors du blanc sépulcral, ce qui est précisément le but et la signification de la thématique du nombre: „Illuminât-il". Mais tout glisse – „pire / non / davantage ni moins / indifféremment mais autant" – dans le Hasard dont la dimension ana-chrono-logique ne permet aucune dissimulation de la non-pensée et de la mort.

Egalement dominée par „LE HASARD", la partie inférieure de la page 473 poursuit encore l'auto-réflexion radicale du langage. Le signe (du tombeau/page blanche/fantôme de geste) est résumé une fois de plus dans la plume qui tombe. Par sa légèreté elle voltige et plane, devient „rythmique suspens du sinistre". C'est-à-dire que le texte de la mort qu'elle trace dans le poème, se suspend; le signe vascille; la mort est à la fois annoncée et différée. Toute la problématique du signe, de l'apparaître et du paraître, est ici indiquée par le saut et la chute presque instantanés de la plume qui désire passionnément („son délire") produire le sens de cette mort et, ce faisant, faire paraître la vie. Mais ce paraître est toujours une ombre puérile, un fantôme, un démon ambigu, est toujours un produit du Hasard et une hallucination des brumes tourbillonnantes.

Cette „cime" du désir qui devrait devenir le récit du lancement du coup de dés vers l'apogée de son concours (donc l'unique acte qui résumerait l'origine et le destin de l'homme), cette cime n'est en réalité jamais atteinte, elle ne se présente pas parce qu'elle est aussitôt „flétrie" que parue, par la „neutralité identique du gouffre". Cela veut dire au niveau du Nombre, que le signe marque, mais par des traces non-différenciées dans la neutralité, le zéro manque sans qu'en vienne jamais le Un. Cela veut aussi dire que le signe s'exhibe dans toute sa nudité du néant: c'est le trou insondable de pure disparition, dans lequel le lecteur entrevoit la mort.

Dans cette Pratique du signe, on discerne le but ultime de la poétique mallarméenne de faire confluer le discours sur l'homme et celui sur le langage, et partant, de les dépasser en les «fondant» dans le HASARD. Le discours théo-logique est ainsi dépassé par le „gala intime", par „l'orage, lustral" (O.C., p. 645) *de la fiction et de la mort:* la mort de la fiction en tant que celle-ci est indiscourable et soustraite à toute conceptualisation; la fiction de la mort en tant que celle-ci est tracée par des marques fictives qui ne permettent aucune suscitation d'une présence sublimée ou d'une vie idéale.

VII. Deux discours.

a. La démythification, O.C., pp. 474-75.

Le retour, aux pages 474-77, à la typographie de l'anecdote (pp. 459-64), suggère que ce qui suit est une sorte d'explication de ce qui précède, et dont la fonction est analogue à la réserve que Mallarmé exprime dans la *Préface* au regard du lecteur: „Mais il ne m'appartient pas [...] d'agir par trop contrairement à l'usage".

De plus, la phrase principale a été proférée et s'est installée sur le blanc de la page comme un discours a-théologique. Les deux discours qui suivent résument donc, une dernière fois, le discours du sacrifice (pp. 474-75) — mais d'une perspective démythifiée —, et le discours du langage (O.C., pp. 476-77) — mais d'une perspective a-logique.

Le premier discours rappelle ,,la mémorable crise" du délire de la plume qui se tient dans le rythmique suspens du sinistre. Mais la plume insinue aussi l'image du bras écarté qui jette ou ne jette pas les dés. La remémoration de l'acte reste problématique aussi longtemps que l'événement antérieur demeure douteux: ,,ou se fût l'événement accompli". Il est possible que ce soit la suppression réussie du hasard: ,,*tout* résultat ...". D'autre part il est possible que ce soit l'absence de tout acte: ,,... résultat *nul*". Le poème combine ces deux volets de la crise qui, en effet, se neutralisent: ,,*tout résultat nul*". A la fois ambigu et neutre, ce résultat est le seul et unique fait humain: ,,*tout résultat nul / humain*".

L'unique «contenu» du signe de la plume se révèle donc être la valeur que l'homme attache à la mémoire d'une crise résultant en une neutralité du gouffre. Ainsi, c'est une remémoration de rien: ,,RIEN N'AURA LIEU QUE LE LIEU". Seul le lieu-tombeau reste exhibé, nu, dévoilé, arraché à toute possibilité de mensonge dissimulateur du langage.

L'anecdote d'une mort sacrificielle est encore le jeu du langage dont le gage est le cadavre du vieillard en naufrage, afin d'en créer un autre mythe: la résurrection de la vie. Comme l'exprime M. Blanchot dans un contexte où il s'agit de Mallarmé:

> ,,Le «Lazare, veni foras» a fait sortir l'obscure réalité cadavérique de son fond originel et, en échange, ne lui a donné que la vie de l'esprit... Le langage sait que son royaume, c'est le jour et non pas l'intimité de l'irrévélé".[16]

Mais à partir de l'indéfectible retour du hasard, la Pratique poétique mallarméenne permet le regard dans l'abîme du blanc pour y entrevoir — et nous empruntons une fois de plus au texte de Blanchot —

---

16 M. Blanchot, *La part du feu* (Gallimard, 1949) p. 329.

„le Lazare du tombeau et non le Lazare rendu au jour, celui qui sent déjà mauvais, qui est le Mal, le Lazare perdu et non le Lazare sauvé et ressuscité."

C'est ce Mal, cette puanteur du tombeau, qui est la mort que le discours métaphysico-théologique dissimule par le récit de la vie dans une temporalisation horizontale, tandis que le futur antérieur de la proposition „n'aura eu lieu" renforce la Pratique par l'ana-chronique de sa simultanéïté successive, où le passé joue avec le futur, et le futur avec le passé.

Le reste de cette page met en scène toute la duperie („mensonge") du geste humain qui s'aveugle („perdition") quant à la nature vague de „ces parages" sur lesquels il prétend fonder la réalité.

b. La dislocation du logos, O.C., pp. 476-77.

Le texte des pp. 476-77 rappelle le discours a-logique du langage et résume la fiction comme complément de la mort telle que celle-ci se montre aux pp. 474-75. Présenté sur deux scènes séparées (pp. 474-75 et pp. 476-77), le grand thème mallarméen de la fiction et de la mort se noue dans la phrase bipolaire: „Rien n'aura eu lieu que le lieu" — „excepté peut-être une constellation".

Si la scène du Lieu est l'ouverture à la mort, la scène de la Constellation est la manifestation de la fiction. Par une analogie démoniaque, la double figure de l'ours uni au clown au bras écarté, dans laquelle nous avons lu tout le mythe sacré du sacrifice jusqu'au maître d'*Un Coup*, est projetée au ciel dans la configuration de l'Ourse. Dans cette Constellation, nous reconnaissons l'ultime expression du lustre mallarméen. Ainsi, la distance abyssale que nous avons tracée, dans *Un Spectacle interrompu*, entre la victime et l'acte sacrificiel d'un côté, et le non-sens et le temps suspendu dans le lustre gazeux de l'autre, cette distance qui constitue tout le subterfuge du discours métaphysico-théo-logique, est finalement franchie: „à l'altitude.../ aussi loin qu'un endroit fusionne avec au-delà".

La mer et la voûte céleste se rejoignent indifférenciées, unies par un geste qui était d'ores et déjà ambigu, et originairement hypothétique à cause du statut ambigu de son auteur, et qui se dissout dans le

Hasard. Dès maintenant le lecteur doit se rendre compte que le Hasard est toujours déjà l'auteur de l'acte du coup de dés, sous rature de l',,est", parce que c'est un jeu anachronique.

Ainsi, l'unique Nombre ne se réalise jamais dans la somme absolue de l'Esprit. C'est-à-dire que le lecteur serait d'ores et déjà empêché de faire travailler la machine dialectique qui réaliserait la thématisation du sacrifice dans l'abstraction du discours, d'où surgissent simultanément la conscience humaine et le sens. Il lui est donc défendu de produire une lecture, défense qui semble ici beaucoup plus rigoureuse que celle d'*Hérodiade*. Mais il lui est permis de demeurer comme voyeur; il pourrait alors regarder cette voûte où se miroite l'Abîme de la mer tumultueuse et entrevoir la Mort, la non-pensée, l'ana-logique.

S'il demeure et ne s'enfuit pas, ,,bizarre" et hanté par cette conflagration de neutralité, il assistera, en l'absence «originaire» et radicale du Nombre comme la somme de tout sens, à l'extra-scénique du lustre astral: ce n'est ni spectacle (,,hors l'intérêt / quant à lui signalé / en général"), ni calcul logique (,,selon telle obliquité par telle déclivité / de feux"). Mais c'est: ,,UNE CONSTELLATION". Elle a lieu, toujours intouchée et non-comprise, parce qu'elle est la réflexivité interne et cachée de la dimension ana-chrono-logique: Elle est ,,froide d'oubli et de désuétude". Froide d'oubli, elle n'a jamais été présentée par une remémoration (la linéarité chronique); froide de désuétude, elle n'a jamais été un accessoire secondaire pour libérer le sens (le travail logique). Elle est, au contraire, le texte indiscourable et le signe du pur disparaître.

Elle est adéquate à ,,une dentelle [qui] s'abolit / dans le doute du Jeu suprême" et d'où ,,filial on aurait pu naître" (O.C., p. 74). Elle est aussi adéquate à ,,l'encrier, cristal comme une conscience, avec sa goutte, au fond, de ténèbres relative à ce que quelque chose soit" (O.C., p. 370). La Constellation est donc cet ,,alphabet des astres" qui trace ana-chrono-logiquement le noir du gouffre: elle est la Fiction de la Mort.

Tandis que ,,l'homme poursuit noir sur blanc", viole donc la virginité de la page blanche, la Fiction écrit ,,lumineusement, sur champ obscur" (O.C., p. 370). Elle est la réflexion virginale de la Mort. Cette articulation de l'a-logique sur l'a-théologique par un geste vide de sens proféré par la non-pensée du Hasard, est constitutive, cette fois-ci authentiquement, de toute pensée: „elle énumère / sur quelque surface vacante et supérieure / le heurt successif / sidéralement / d'un compte total en formation". Le coup de dés n'est plus l'acte de l'homme qui établit la dialectique du même et de l'autre, du sens et du non-sens, des différences et de l'exclusion. C'est maintenant la réflexion mystérieuse de la Mort dévoilée qui conditionne la confluence et la neutralisation des thèmes.

Ainsi se pose la possibilité d'un sujet qui n'est plus maître prétendant à une autorité originaire, mais qui „filial [...] aurait pu naître"; ainsi s'ouvre aussi une lecture „ingénue" dont le résultat est un «sens» non-exclusif, une «logique» non-violente. C'est finalement une lecture qui sait que toute pensée n'est rien d'autre que la pensée de la non-pensée: „Toute Pensée émet un Coup de Dés"; qu'elle se détache, sans exception, du fond de la non-pensée; qu'elle n'est qu'une facette de l'encrier-lustre qui contient fictivement la Mort.

Conclusion

— Ceci renonce à tout projet concluant. —

Face à la Pratique poétique dont Mallarmé nous a laissé un exemple sans pareil dans *Un Coup de dés*, et qui creuse toujours déjà la logique de toute lecture et l'autorité du sujet-lecteur, nous nous imaginons un peu à la place du lecteur que M. Blanchot décrit dans *Thomas l'Obscur*[1]. Sa rencontre avec le livre bouleverse les rôles traditionnellement attribués au sujet lisant et au mot lu:

> L'un et l'autre se regardaient. Les mots, issus d'un livre qui prenait une puissance mortelle, exerçaient sur le regard qui les touchait un attrait doux et paisible.

Mais la paix cède bientôt à un sentiment d'effroi devant „l'étrangeté qu'il y avait à être observé par un mot comme par un être vivant", par l'enchaînement métaphorique d'une série infinie de mots, „comme une suite d'anges s'ouvrant à l'infini jusqu'à l'oeil de l'absolu". De cet ébat résulte un renversement où le signe l'emporte:

> D'un texte aussi bien défendu, loin de s'écarter, il mit toute sa force à vouloir se saisir, refusant obstinément de retirer son regard, croyant être encore un lecteur profond, quand déjà les mots s'emparaient de lui et commençaient de le lire.

L'oeuvre mallarméenne exige le renoncement même au droit de ce regard. Nous avons fait violence à cette exigence, par nécessité. Autrement notre travail aurait imité celui d'un Pierre Menard auquel

---

1 M. Blanchot, *Thomas l'Obscur* (Gallimard, 1950), pp. 34-35.

J.L. Borges[2] assigne le terrible choix entre la (re)composition mot pour mot de *Don Quixote* et, y échouant, une oeuvre invisible, inexistante, dont l'auteur aurait détruit les innombrables croquis aussitôt qu'il les aurait produits.

Nous avons toutefois la satisfaction de savoir que notre violence lectrice ne réussit jamais à couvrir l'anonymat du texte par la signature d'un sujet quelconque ou par le *logos* discursif représentant les choses du monde. En cela, notre entreprise se lit comme le paradoxe d'un échec réussi; elle se place entre conjecture et évidence concluante. D'elle nous voulons dire enfin ce que G. Bataille annonça pour ses conférences sur le non-savoir: ,,Bien entendu, j'échouerai comme les autres fois. Mais je voudrais d'abord vous représenter la mesure de mon échec"[3]. Cette mesure est ce qui, à la fois, constitue le corpus de notre étude et figure l'anonymat de la parole poétique mallarméenne.

L'anonymat s'annonce premièrement dans *Le Démon de l'Analogie*. La phrase absurde au milieu du trou dans le texte, est justement le pli où le lecteur doit cesser de faire l'exégèse de l'oeuvre mallarméenne. Par une interversion mystérieuse cette parole qui n'est absurde que de la perspective du *logos*, se révèle comme toujours déjà anonyme, c'est-à-dire intouchable et illisible, et commence à «lire» le travail du sujet-lecteur. Ainsi, et remplaçant ,,la direction personnelle enthousiaste de la phrase" du discours traditionnel, se révèle ,,le paraphe amplifié du génie, anonyme et parfait comme une existence d'art" (*Crise de vers*, O.C., pp. 366-67).

C'est ce fond anonyme qui offre les conditions de possibilité d'une analytique qui vise d'abord le sujet (lecteur ou auteur), son désir, son regard, et sa lecture. Cette visée est la découverte saisissante du *Démon de l'Analogie*. Elle ne touche nullement le texte anonyme (,,La Pénultième est morte") lui-même. Celui-ci figure le pli originaire qui est l'«entre» topique décalant la pensée du non-pensé.

L'interrogation de ce pli qui constitue d'ailleurs toute la problématique de la représentation dont s'occupe la pensée moderne, ne

---

2   J.L. Borges, *Ficciones*, trad. anglaise (New York, Grove Press, 1962), p. 45.
3   G. Bataille, ,,Conférences sur le non-savoir", *Tel Quel*, No. 10, p. 17.

commence pas encore dans le poème en prose. Seulement — mais cette restriction implique déjà le „tout" du projet — sont indiquées les deux voies sur lesquelles Mallarmé la poursuivra bien plus tard: la Pénultième annonciatrice de la Fiction, et la pénultième morte comme métaphore de la Mort irrécupérable et «originaire». Mais le moi de la narration les identifie faussement comme les signes d'un discours oublié dont il faut ressusciter et ré-animer le sens idéal; en d'autres termes il veut redécouvrir le discours fondateur (le *logos*) et récupérer la présence vivante (le sacré), là où il n'y a que le Mystère virginal de la Fiction (et) de la Mort.

Nous avons désigné *Le Démon de l'Analogie* comme la pièce-clé dans notre approche de l'oeuvre du poète. Cette assertion appelle une explication plus approfondie. En comblant le blanc, dans le texte, de la métaphore dédoublée d'une pénultième qui est morte, Mallarmé a mis au point, en une première ébauche, les deux manières dont se sert l'homme pour thématiser le jeu du sens: la formalisation et l'herméneutique. Juxtaposer ces deux formes incompatibles du sens dans une seule phrase, doit forcément conduire à l'absurdité — du point de vue logique —, et à un blanc infranchissable, donc *virginal*, — du point de vue de leur confluence originaire et mystérieuse. De cette façon quand même encore ambiguë, le jeune Mallarmé dégage déjà la problématique de l'origine du sens et de la pensée symbolique.

Il la relance à fond dans le théâtre d'*Hérodiade* en concentrant son attention sur le blanc, au prix d'un oubli des deux formes du sens. La Virginité indiscourable y est le signe du blanc mystérieux et silencieux. Traquant le défi démoniaque du poème en prose, Mallarmé se précipite dans l'abîme de ce signe surdéterminé où le discours sur l'homme et celui sur le langage sont dépassés afin de viser, *sans aucun détour*, le «domaine» du hors-sens comme origine de toute possibilité de sens.

Cette visée est elle-même détruite au fur et à mesure qu'elle réussit. Nous avons désigné ce paradoxe comme une aberration dont il faut aussi approfondir la signification. L'aberration du théâtre d'*Hérodiade* consiste en le désir d'éclaircir la Virginité qui doit rester foncièrement obscure; elle consiste en le besoin d'inscrire une valeur à ce qui devrait rester, au contraire, neutre comme la page blanche. La Viriginité n'est pas elle-même l'aberration; elle continue son jeu abyssal dans l'oeuvre ultérieure du poète, mais d'une façon occultée, comme l'exprime *Le Mystère dans les lettres* de 1896:

> Virginité (...)
> L'air ou chant sous le texte, conduisant la divination d'ici là, y applique son motif en fleuron et cul-de-lampe invisibles. (O.C., p. 387)

Hérodiade se trompe plutôt en sa propre réussite. Si ce théâtre réussit, il ne sera que la fiction d'un désir dont l'objet est la virginité rendue visible. L'aberration gît dans la production théâtrale qui cherche à établir la marque d'une virginité absolue comme condition de possibilité de la connaissance, et n'arrive qu'à produire le sens du désir. Cette déviation l'éloigne de la quête de l'origine du sens et incrimine, du reste, la lecture (le lecteur).

La série des poèmes en prose qui sont contemporains des premières esquisses d'*Hérodiade* constitue le recul devant l'abîme du blanc virginal; et celle des pièces qui suivent bien plus tard, la tentative de reprendre la problématique de l'origine radicale, mais cette fois-ci à travers la confluence des deux discours sur le *logos* (la formalisation) et sur le *theos* (l'herméneutique). Les poèmes en prose représentent donc une progression lente qui débute par la production du sens à travers plusieurs descriptions métaphoriques, muettes sur la problématique du langage, et aboutit à la subversion de plus en plus radicale de cette même production. Les derniers poèmes reprennent, à leur façon, l'énigme de la phrase absurde dans le blanc du texte, et préparent ainsi l'accès à l'univers d'*Un Coup de dés*. Sauf *Le Démon de l'Analogie* auquel nous avons assigné un rôle particulier, les poèmes en prose analysent donc poétiquement, les uns la production du sens (le „spectacle"), et les autres la possibilité de son interruption de plus en plus fatale („l'extra-scénique"). Nous avons aussi souligné la position charnière d'*Un Spectacle interrompu*, qui lui permet de rassembler dans son jeu métaphorique et la scène de la production du sens et l'extra-scénique de l'irruption du non-sens.

Nous avons renoncé à l'analyse d'*Un Coup de dés* parce que ce poème «*est*», en bref, la phrase absurde et le blanc qui l'abrite. Tout comme l'analytique concernant *Le Démon de l'Analogie* ne touchait pas le texte anonyme, l'analytique d'*Un Coup de dés* ne touche pas non plus l'anonymat qui est ce texte; aussi devons-nous nous taire sur *tout* le poème.

Sous cette optique, nous sommes contraints d'admettre que notre entreprise est la plus faible lorsqu'elle «parle» d'*Un Coup de dés*. La validité de sa lecture se trouve plutôt dans l'effort de tracer *les contours* de l'Ineffable qui éclôt dans le poème. C'est donc *une lecture en marges*. Elle suffit, cependant, à découvrir que dans ces contours confluent le discours sur l'homme et celui sur son langage, outrepassés tous les deux par leur renversement ana-chrono-logique dans le jeu de la Fiction et de la Mort. Ce jeu nous permet ,,la divination d'ici là": la participation mystérieuse au Mystère de l'Ineffable.

Nous constatons donc qu'*Un Coup de dés* est la reprise du blanc virginal en ce qu'il est le signe visible que le blanc ,,a assumé l'importance" (*Préface*). La phrase absurde de 1864 devient, en 1897, le coup de dés dont le joueur est le Hasard. Le récit du *Démon de l'Analogie* qui veut entourer la phrase absurde de sa logique rassurante, manque à *Un Coup de dés*; et c'est ce manque qui provoque Mallarmé à parler d'un ,,acte de démence", juste expression pour une phrase absurde qui est devenue une pratique poétique.

Quant au lecteur qui est invité à partager le travail logique du moi-sujet dans *Le Démon de l'Analogie* — et qui y subit le même destin de bizarrerie —, il se trouve de prime abord, dans *Un Coup de dés*, hors du jeu du hasard. S'il «lit» le poème comme il faut le lire, il se saura en marges comme sujet et comme lecteur dont les fonctions et les facultés réflexives sont toujours dérivées de ,,l'auto-réflexivité" interne et purement lustrale de la Pratique. Toute lecture d'*Un Coup de dés* est donc un récit qui entoure le poème de son discours logique et assiste simultanément à la deconstitution de cette même logique, pour que l'Ineffable puisse se «révéler» en tout silence et en toute invisibilité.

De cette façon se boucle le trajet poétique mallarméen où le dernier poème n'est que l'achèvement d'un projet annoncé la première fois dans un des premiers poèmes en prose. Aussi faut-il répéter ce qui s'est inscrit en tête du premier chapitre:

,,... le tout sans nouveauté qu'un espacement de la lecture".

En imitant la Pratique, la lecture subit un espacement qu'elle *ne désire plus dominer*; c'est-à-dire qu'elle ne désire plus le récupérer comme son autre dans et par un mouvement réflexif. Ainsi peut-elle se rapprocher du blanc virginal sans plus se perdre dans aucune errance. Développement radical et inouï qui revendique enfin la grande tentative d'*Hérodiade*; en même temps c'est „sans nouveauté" puisque la virginité a toujours déjà joué de cette manière, ce que le désir a réussi à cacher sous la logique mensongère.

Nous proposons que la quête du sens et de sa formation, qui s'étend du *Démon de l'Analogie* à travers *Hérodiade* et les poèmes en prose jusqu'à *Un Coup de dés*, soit la grille dans laquelle se placent les autres écrits mallarméens ainsi que toute lecture sur eux.

Sans avoir «interprété» l'oeuvre, nous croyons avoir trouvé, cependant, les conditions a priori qui éclairent le cheminement du poète dans sa propre Pratique. La fonction de celles-ci ressemble à l'entreprise kantienne qui refuse d'établir une connaissance sur des principes de la raison pure sans une critique préalable des facultés de celle-ci („ohne vorangehende Kritik ihres eigenen Vermögens")[4]. Ces données peuvent donc opérer comme une „critique transcendentale"[5], n'élargissant pas la connaissance de la poésie de Mallarmé, respectant ainsi les multiples interprétations qui la couvrent suffisamment, mais y précisant, comme „pierre de touche" (Kant), les conditions de validité ou d'invalidité.

Enfin, et eu égard à une poursuite future, nous proposons la présente étude comme la condition a priori à toute révélation possible qui pourrait nous rapprocher de l'Ineffable. Cela devra être un hymne de jubilation célébrant la libération une fois pour toutes *de* la négativité. Cette „Ode", Mallarmé a voulu l'exprimer dans le „Livre":

> „Non pas à faire cet ouvrage dans son ensemble (il faudrait être je ne sais qui pour cela!) mais à en montrer un fragment d'exécuté, à en faire scintiller par une place l'authenticité glorieuse, en indiquant le reste tout entier auquel ne suffit pas une vie. Prouver par les portions faites que ce livre existe, et que j'ai connu ce que je n'aurai pu accomplir."
>
> (*Autobiographie*, O.C., p. 663)

4 I. Kant, *Kritik der reinen Vernunft*, Préface à la deuxième édition, (Insel-Verlag, Wiesbaden, 1956), p. 36.
5 Ibid., p. 63.

Soutenir Mallarmé dans cette preuve, c'est le jeu futur dont nous aimerions que notre entreprise soit l'annonciatrice. Elle se vante alors d'être ,,la lecture comme une pratique désespérée (...); à quoi sert cela — à un jeu" (O.C., p. 647). Mais le jeu est ce qui manque encore désespérément à notre parole.

Bibliographie

I. Mallarmé, Stéphane. *Oeuvres complètes*. Gallimard, 1945. En sont tirés pour l'analyse détaillée les textes suivants:
    Les poèmes en prose, pp. 267-89.
    Hérodiade (Ouverture ancienne, Scène), pp. 41-48.
    Un Coup de dés, pp. 453-77.
—. *Les Noces d'Hérodiade, Mystère*, publié avec une introduction par G. Davies. Gallimard, 1959.
—. *Documents Stéphane Mallarmé*, VI, présentés par C.P. Barbier avec la collaboration de L.A. Joseph. Nizet, 1977.
—. *Correspondance*, présentée par H. Mondor avec la collaboration de J.P. Richard. Gallimard, 1959.

II. Liste des ouvrages cités:

Artaud, A. „Le théâtre et son double" in *Oeuvres complètes*, T. IV., Gallimard, 1964.
Bataille, G. „Hegel, la mort et le sacrifice" in *Deucalion*, nr. 5, pp. 21-43.
—. „Conférences sur le non-savoir" in *Tel Quel*, nr. 10, pp. 3-20.
Birault, H. „L'onto-théo-logique hégélienne et la dialectique" in *Tijdschrift voor filosophie*, v. 20, Amsterdam, 1958, pp. 646-723.
Blanchot, M. *L'attente l'oubli*, Gallimard, 1962.
—. *L'entretien infini*, Gallimard, 1969.
—. *L'Espace littéraire*, Gallimard, 1955.
—. *La part du feu*, Gallimard, 1949.
—. *Thomas l'Obscur*, Gallimard, 1950.
—. *Le pas au-delà*, Gallimard, 1973.
Borges, J.L. „Pierre Menard, Author of Don Quixote" in *Ficciones*, trad. anglaise. New York, Grove Press, 1962.
Bucher, G. *Le mythe chrétien comme mythe absolu*, présenté à Strasbourg, 1979.
Cohn, R.G. *L'Oeuvre de Mallarmé, Un coup de dés*, Librairie des Lettres, 1951.
Davies, G. *Vers une explication rationnelle du Coup de dés*, Librairie Jose Corti, 1953.

Derrida, J. „La Structure, le signe et le jeu dans le discours des sciences humaines" in *l'Ecriture et la différence*, Seuil, 1967, pp. 409-428.
—. „La double séance" in *La dissémination*, Seuil, 1972, pp. 199-317.
Foucault, M. *Les mots et les choses*, Gallimard, 1966.
Franklin, U. *An Anatomy of Poesis*, University of North Carolina Press, 1976.
Frege, G. *Les fondements de l'arithmétique*, trad. de Claude Imbert, Seuil, 1969.
Freud, S. *Das Unheimliche*, Hamburg, Ladstetter, 1963.
Girard, R. *La violence et le sacré*, Grasset, 1972.
—. *Des choses cachées depuis la fondation du monde*, Grasset, 1978.
—. „Interview, René Girard" in *Diacritics*, mars 1978, pp. 31-54.
Hegel, G.W.F. „Préface" à *La Phénoménologie de l'Esprit*, trad. de J. Hyppolite, Aubier, 1939.
Heidegger, M. *Kant und das Problem der Metaphysik*, Vittorio Klostermann, Frankfurt, 1973.
—. *Die Frage nach dem Ding*, Max Niemeyer Verlag, Tübingen, 1962.
Kant, I. „Préface" à la 2è édition de *Kritik der reinen Vernunft*, Insel-Verlag, Wiesbaden, 1956, pp. 20-41.
Kojève, A. *Introduction à la lecture de Hegel*, Gallimard, 1947.
Miller, J.A. „La suture (Eléments de la logique du signifiant)" in *Cahier pour l'Analyse*, 1966, pp. 39-51.
Nietzsche, Fr. „L'Introduction théorétique sur la vérité et le mensonge au sens extra-moral" in *Le livre du philosophe*, Aubier, 1969, pp. 171-201.
Nouveau Testament, Mtt., III; Jn., I.
Richard, J.P. *L'Univers imaginaire de Mallarmé*, Seuil, 1961.
Thibaudet, A. *La poésie de Stéphane Mallarmé*, Gallimard, 1926.
Valéry, P. „Variété, Etudes littéraires" in *Oeuvres I*, Gallimard, 1954, pp. 427-784.
Verdin, S. *Stéphane Mallarmé. Le presque contradictoire*, Nizet, 1975.

Karin J. Dillman

THE SUBJECT IN RIMBAUD
From Self to *Je*

American University Studies: Series II (Romance Languages and Literature). Vol. 23
ISBN 0-8204-0200-1   155 pages   hardback US $ 20.00*

*Recommended price - alterations reserved

The study focuses on the transformation in the role and the nature of the linguistic subject in Rimbaud's work, and on a parallel change in poetic form. The formulas «On me pense» and «Je est un autre» serve as the basis of the analyses. Each formulation represents a phase in the transformation of the subject: of its theoretical definition as well as of its poetic functioning in the text. The analysis shows that the changes in poetic form must be considered in relation to the theory of the subject, and that the subject as *je* remains the locus of Rimbaud's poetic discourse.

Contents: Lettre I: The subject questioned – «Le Coeur supplicié»: The subject decentered – «Aube»: The *Je* in process – From self to *Je*: From poetry in verse to poetry in prose.

PETER LANG PUBLISHING, INC.
62 West 45th Street
USA - New York, NY 10036

James T. Day

STENDHAL'S PAPER MIRROR
Patterns of Self-Consciousness in His Novels

American University Studies: Series II (Romance Languages and Literature). Vol. 20
ISBN 0-8204-0184-6   244 pages   hardback US $ 32.65*

*Recommended price - alterations reserved

Stendhal's narrators explicitly put forth an ethos of realism, yet their self-conscious voice calls attention to artifice in fictional texts that readily depict their own elaboration. This study examines the integration of various patterns of self-consciousness into works whose «textual realism» encourages readings that respect the novels as both textual construct and referential illusion. In reflecting their own structures *en abyme* through various embedded narratives, in thematizing the heroes' and the narrators' self-consciousness, in exalting literariness through patterns of novelistic and theatrical imitation, Stendhal's novels problematize fictional narrative discourse and language itself while affirming their referential appeal to the reader's imagination.
Contents: Self-conscious discourse narrative in Stendhal – Embedded narratives – Thematic self-consciousness – The «role» metaphor – literary realism.

«... *thought provoking and highly readable. It not only illuminates Stendhal's fiction but also contributes decisively to our understanding of the economy and functioning of metafiction.*» (Gerald Prince)
«... *a thorough,* subtle and sophisticated study of Stendhal's *metanarrative strategies. To the best of my knowledge, there is no overall study of metanarrative codes and devices in Stendhal's novels. Thus, James Day's contribution fills a void ... should be of interest to specialists not only of Stendhal but of the novel in general.*» (Lucienne Frappier-Mazur)

PETER LANG PUBLISHING, INC.
62 West 45th Street
USA – New York, NY 10036

LIBRARY OF DAVIDSON COLLEGE

Books on regular loan may be checked out for **two weeks.** Books must be presented at the Circulation Desk in order to be renewed.

A fine is charged after date due.

Special books are subject to special regulations at the discretion of the library staff.